KB189864

시작하는 글

올여름은 유난히도 무덥고 오랫동안 더위가 가실 줄 몰랐다. 사람들은 이 더위가 정말 사라질까라며 호들갑을 떨었지만 이제는 아침저녁으로 찬바람이 불고 낙엽이 지기 시작하는 걸 보면 세월을 이기는 것은 없다는 것을 새삼 깨닫는다. 그래서 그런가 시간이 지나면 힘들었던 많은 것들이 추억이라는 이름으로 옷을 갈아입고 좋은 기억으로 남는 경향이 있다고 한다. 일명 무드셀라증후군이라고 하는데, 그 당시는 시간만 빨리 가기를 바랬던 그 순간순간이 지나고 나니 모두 아련한 그리움으로 남는 것은 아이러니다. 이를 이용해 광고주들은 일명 '향수팔이'로 돈을 벌어들인다지만 곰곰이 생각하면 어린 시절의 나는 그리 즐겁고 행복하지는 않았던 것으로 기억된다. 공부를 하는 것도 친구를 사귀는 것도 내가 누구인지, 무엇을 해야하는지를 고민하는 것도 모두 만만하지 않았다. 누군가가 친절하고 구체적으로 알려주었으면 좋으련만 내가 어릴 때만해도 상담이라는 개념조차 없던 시절이었다.

세월이 좋아진 것일까. 사는 게 힘들어진 것일까. 이제는 대로변에 보이는 상담관련 간판들이 쉽게 눈에 띄이고 힘든 일이 있거나 어려운 문제가 있으면 상담실을 찾는 것도 예전에 비해서는 자연스러운 일이 되었다. 그러나 어린아이들이나 청소년들은 스스로 상담실을 찾아오지 않고 주로 선생님들의 권유나 부모에 의해 상담실에 끌려오는 경우가 대부분이기에 상담이 쉽지 않다. 그리고 다양한 문제를 가진 아이들을 만날 때마다 내가 이 일을 성공적으로 잘 해낼 수 있을지 의심스러울 때가 많다. 역설적으로 그런 의구심들이 나를 더욱 채찍질하고 단련시켰던 것일지도 모른다.

《영화로 이해하는 아동 · 청소년 심리상담》 시리즈는 이런 노력의 일환으로 이해해주면 좋을 것 같다.

나뭇잎이 울긋불긋 물들고 낙엽이 떨어질 때마다 시간이 조금씩 떠나는 것만 같아 시간을 붙들고 싶지만 가는 세월 잡을 수 없기에 그저 열심히 하루하루 사는 것으로 갈음하고자 한다.

2019년 봄을 기다리며, 박소진 씀.

차 례

PART 03_ 친구가 필요해

PART 04_ 중독에 빠진 아이들

PART 05_ 청소년의 성

PART 06_ 가족이 뭐 길래

PART 07_ 역기능적 신념 또는 사고 바꾸기

PART *01*

소년에 대하여

01

어린왕자(2015)
The Little Prince

"중요한 건 눈에 보이지 않아. 마음으로 보는 거야!"

어린왕자(2015) *The Little Prince*

2015. 12. 23. 개봉
(감독) 마크 오스본
(주연) 제프 브리지스(조종사 역),
레이첼 맥아담스(엄마 역),
맥켄지 포이(소녀 역),
폴 러드(왕자 역),
제임스 프랭코(여우 역)

등장인물

- 조종사: 이사온 소녀의 옆집에 살고 있는 기이해 보이는 노인. 사막에서 우연히 어린왕자를 만나고 헤어지게 된 이후로도 어린왕자를 잊지 못하고 살면서 노인이 되어서 어린왕자를 만나러 가겠다는 일념으로 비행기를 수리하고 활주로를 만드는 등 그의 마지막 여행을 계획 중에 옆집 소녀와 조우하게 되면서 또 다른 인연을 맺게 된다.
- 소녀: 엄마의 지도 아래 열심히 공부하고 새 학교에 입학하기 위해 이사를 오지만 옆집에 사는 노인을 만나게 되면서 과잉보호되고 통제된 생활에서 벗어나게 되고 예기치 못한 여행을 통해 독립적인 자신의 모습을 찾게 된다.
- 엄마: 어른들의 세계를 대변하는 인물로 계획적이고 통제적인 생활 속에서 살아가며 자신의 딸도 그런 삶을 살도록 강요한다. 그러나 곧 자신의 아이가 성장함에 따라 자신의 방식에 문제가 있음을 깨닫게 된다.

전 세계적으로 성경 다음으로 많이 읽힌 책 중 하나 어린왕자! 그 원작이 영화로 다시 태어나다.

영화는 어린왕자의 이야기가 아닌 어린 소녀와 엄마가 전학을 오기 위해 면접을 보는 장면으로부터 시작된다. 회계사 사무실에 다니는 엄마와 모범생 소녀는 다른 집과는 다르게 보이는 옆집으로 이사를 온다. 공부를 하고 있던 어느날, 소녀의 창문으로 종이비행기가 날아드는데, 그 종이비행기에는 한 소년과 조종사의 이야기가 적혀있었다. 누가 자신에게 보낸 것인지를 확인하던 중 소녀는 그것이 옆집에 살고 있는 괴짜 노인의 소행임을 알고 불쾌함을 표현하지만 우연한 기회에 두 사람의 인연은 또 다시 이어진다. 소녀는 이 노인의 정체에 대해 호기심을 갖게 되고 그렇게 두 사람의 만남은 이어진다. 이야기는 두 사람 간의 우정을 다룬 이야기 같지만 그들의 관계를 연결해 주는 것은 노인이 젊어서 만난 어린왕자의 존재였고 이 어린왕자의 이야기가 스토리 중간중간 나오면서 영화는 액자 구성처럼 두 스토리를 절묘하게 이어간다.

오래전 조종사가 사막에 불시착했을 때 만난, 다른 행성에서 온 신비로운 존재의 어린왕자를 노인이 된 조종사가 다시 만나기 위해 먼 여행을 준비한다. 그가 원하는 대로 어린왕자를 다시 만날 수 있을까? 그리고 어린왕자는 그의 장미를 만나기 위해 무사히 그의 별 소행성 B612로 돌아갔을까. 소녀와 조종사 할아버지는 서로를 길들이고 우정을 쌓아가면서 이전의 스토리를 재현한다.

전세계적으로 성경 다음으로 많이 읽힌 책 중의 하나, 그 원작을 영화로 새롭게 만나보자.

"중요한 건 눈에 보이지 않아. 마음으로 보는 거야"의 의미는?

어린아이의 인지수준은 성인들과는 다르다. 다시 말하면 성인들의 이해하는 것을 아이들의 인지수준에서 이해하기 어렵다는 얘기이다. 특히, 복잡하고 추상적인 개념들이 그렇다.

상당수의 많은 중요한 개념들이 눈에 보이지 않는 추상적 개념들이다. 예를 들면, 사랑이나 우정 같은 것으로 예전에 모 광고에서 아빠가 어린 딸에게 "너는 사랑이 뭐라고 생각해?"라고 물으니 딸은 주저없이 "아빠한테 닭다리 두 개 주는 것"이라고 답한다. 이 아이에게 사랑이란 자신이 가장 좋아하는 어떤 것을 주는 것으로 표현될 수 있다.

위의 예처럼 아이들에게 구체적인 형태가 없고 직접적으로 확인할 수 없는 개념들을 이해시키기가 쉽지 않다. 그래서 구체적으로 아이가 이해할 수 있게 쉽게 설명해 줄 필요가 있다. 따라서 '중요한 것은 눈에 보이지 않고 마음으로 본다'라는 여우의 말은 중요한 것은 그 의미를 정확히 파악하고 이해하기 어렵기 때문에 마음으로 느껴야 한다는 의미로 해석될 수 있다.

추상적인[1] 개념을 이해하려면 적어도 청소년 정도의 연령이 되어야만 가능하다. 이 연령이 된다고 모두 이런 능력을 갖추는 것은 아니지만 정상발달을 가정한다면 이 시기가 되면 논리적이고 이성적이며 추상적인 사고가 가능하다. 연역적 추리같은 능력도 이 시

---

1) 추상(抽象)
개별의 사물이나 표상(表象)의 공통된 속성이나 관계 따위를 뽑아낸다는 뜻이다. 추상의 '추(抽)'는 '뽑아내다'라는 뜻이고 '상(象)'은 '코끼리'를 의미하는데 옛날 중국에는 코끼리가 살지 않았다. 그래서 코끼리의 뼈를 보고 그 모습을 상상할 수밖에 없었을 것이다. 유추해 보건데 실제로 중국 사람들이 볼 수 없는 대상을 상상한다면 구체적이지 못하고 애매모호한 어떤 것일 수 있다. 이런 의미에서 '추상적'이란 말은 직접 경험하거나 지각할 수 있는 일정한 형태와 성질을 갖추고 있지 않거나 사실이나 현실과 동떨어져 막연하고 일반적인 것, 직접 경험하거나 지각할 수 있는 일정한 형태와 성질을 갖추고 있지 않은 것을 의미한다.

기가 되어야 가능하기 때문에 효과적인 과제 수행이 가능하다. 어린아이들의 경우에는 구체적인 대상이 있어야지만 이해가 가능한 것이 이 시기에는 언어적인 제시만으로도 충분하다.

이를 이해하기 위해서는 아동청소년의 인지발달에 대해 이해할 필요가 있다.

아동 · 청소년의 인지발달

인지발달의 최적기민감기를 보통 2~3세부터 12~13세로 보고 있으며, 특히 4~7세 사이에 뇌의 발달이 80% 이상 이루어지기 때문에 지적인 자극이 충분히 주어지지 않으면 인지발달에 치명적일 수 있다. 필자가 경험한 바에 의하면 아이를 이 시기에 방치하여 이후 지적 발달과 과제 수행이 어려운 경우를 종종 보게 되는데 이후 지적 자극을 주더라도 아이가 잘 받아들이지 못하여 안타까운 경우들이 종종 있었다. 따라서 인간이 인간답게 살기 위해서는 연령에 맞는 경험과 교육을 통해 적절한 인지발달을 이루어야 하며, 이런 인지발달이 이루어지지 않는다면 정상적인 성인으로 기능할 수 없다.

발달심리학자 피아제는 인지발달 단계에서 걸음마기 단계의 영아들이 진전 된 '대상영속성 과제'를 해결한 후에야 "사라졌다"라는 단어를 사용할 수 있다고 하였다. "자유", "평화"와 같은 눈에 보이지 않는 추상적인 용어를 이해하려면 적어도 청소년기에 도달해야 가능하며, 교육이 부재하거나 지적 능력에 결손이 있다면, 이를 이해하고 표현하기 어렵다.

인지발달 이론(Piaget)

발달심리학자 Piaget의 인지발달에는 네 단계가 있으며, 질적으로 서로 다른 이 단계들은 정해진 순서대로 진행하고, 단계가 높아질수록 복잡성이 증가한다.

1) 감각운동기(0~2세)

- 신생아의 단순한 반사들이 나타나는 출생에서 시작해서 초기의 유아적 언어가 나타나는 상징적 사고가 시작되는 2세경에 끝남.
- 아동의 행동은 자극에 대한 반응으로 나타나는 것이지만, 이때의 자극은 감각이고 반응은 운동. 그래서 이 단계를 감각운동이라고 부름.
- 대상영속성: 물체가 눈에 보이지 않거나 소리가 들리지 않더라도 계속 존재한다는 것을 아는 것.

2) 전조작기(2~7세)

- 논리적 조작이 가능하지 않기 때문에 전조작기라고 함.
- '조작'의 의미는 과거에 일어났던 사건들을 내면화시켜 서로 관련 지을 수 있는 것.
- 이 시기에 '상징적 사고'가 가능한데, 상징(symbol)은 어떤 것이 어떤 것을 나타내는 것으로, 예를 들면 국기가 국가를 상징하는 것과 같은 것이다. 언어는 가장 보편적인 상징이다.

  상징적 사고의 대표적인 것 중 하나는 가상 놀이로, 가상 놀이는 가상적인 사물이나 상황을 실제 사물이나 상황으로 상징화하는 놀이로 소꿉놀이나 병원놀이, 학교놀이가 그 대표적인 예라고 할 수 있다.

3) 구체적 조작기(7~12세)

- 가역성의 특성을 가짐. 즉, 조작의 순서는 전환될 수 있고 조작 전 상황의 특성들이 회복될 수 있다는 것을 이해.
- 보존개념의 이해: 물체의 외형이 변화해도 이로부터 빼거나 더하지 않으면 그 물체의 특정한 양은 그대로 보존된다는 것을 이해하는 것.
- 조망 수용: 자기 중심성 사고에서 벗어나 타인의 입장, 감정, 인지 등을 추론하

고 이해할 수 있는 능력.

- 유목화: 물체를 공통의 속성에 따라 분류하고 한 대상이 하나의 유목에 속하는 것으로 분류하는 것.
- 서열화: 사물을 영역별로 차례대로 배열할 수 있는 능력. 예를 들어, 두 가지 이상의 속성(높이와 폭)에 따라 분류하는 다중 서열화도 가능함.

4) 형식적 조작기(12세~)

- 청소년기 이후에 해당.
- 추상적 사고와 가설적 사고가 가능하며 효율적인 지적 과업 성취가 가능함.
- 추상적 사고: 구체적 조작기의 아동이 구체적인 요소를 보아야만 문제해결이 가능하지만 형식적 조작기에는 구두제시만으로도 문제 해결 가능. 예를 들어, A〉B, B〉C 이면, A〉C라는 논리를 언어 제시로만 이해 가능.

출처: 정옥분(2010), 전생애 인간발달의 이론

숲속에서 뛰어 다니는 여우를 우연히 발견한 어린왕자가 여우에게 "같이 놀자"라고 한다. 어린왕자의 제안에 여우는 "아직은 그럴 수 없다"라고 한다. 그 이유는 아직 둘의 관계가 형성되지 않았고, 즉 친구가 되지 않았기 때문에 같이 놀 수 없다는 의미이다.

연령이 어느 정도 있는 아이들이라면, "안녕, 여우야. 우리 같이 놀지 않을래?" 그러면 여우는 "아직 우리는 친구가 아니잖아. 나는 너를 아직 잘 모르는데?"라고 불편감을 표현할 수 있다. 그러면 "누구나 처음에는 잘 모르지만 만나면서 서로에 대해서 알고 친구가 되면 되지 않을까? 라고 대꾸를 하였을지도 모르지만 어린왕자는 그런 여우의 반응이 이해가 잘 되지 않는다. 그런 어린왕자에서 여우가 이렇게 말한다. 니가 나를 길들이면 나는 너에게 특별한 의미가 된다. 즉, 길들이기 전까지 나는 너에게 많은 여우 중의 하나였지만,

니가 나를 길들이면 우리는 특별한 관계, '친구가 된다' '우정'의 개념을 어디에 있든 서로를 그리워하고 보고 싶어하는 관계가 된다는 것을 여우는 '길들이는 것'으로 설명하고 있다.

'길들인다는 것'은 '우정'이라는 추상적인 개념을 어떤 행위로 설명한 것이다. 즉, 어린아이의 눈높이에서 그들의 인지적 발달 수준을 고려한 친절한 설명이라고 할 수 있다. 그러나 청소년기에 들어서면 이런 설명을 굳이 하지 않아도 이해가 가능하다. 우정은 동성간에 느끼는 정서적인 친밀감으로 동성 간에 느끼는 끈끈한 유대감은 아동이나 청소년기에 매우 중요한 측면인데 친구관계를 맺고 상호작용하면서 많은 것을 얻고 성장하기 때문이다.

그렇다면 어린아이의 시각(인지발달 수준)을 이해하는 것이 필요할까?

영화 어린왕자에서는 어린아이의 세계와 어른의 세계가 대비된다.

어린아이의 세계는 비현실적이고 비논리적이지만 순수하고 창의적이다. 그런 어른의 세계는 논리적이고 현실적이지만, 지나치게 계산적이고 이기적이며 때론 폭력적이고 무례하다.

"우리 모두는 어린아이였지만, 이를 기억하는 사람은 거의 없다"라며 생텍쥐페리는 우리가 어른이 되는 과정에서 그 순수함을 잃고 삶을 살아가는 현실을 꼬집고 있다. 그래서 우리가 다시 어린아이의 시각으로 어른이 된 우리 자신을 들여다보고 이해하는 것은 의미가 있고 어린아이와 청소년, 성인의 인지수준이 다르다는 것을 이해할 때 아이들이나 청소년들과 제대로 된 소통이 가능하다. 아동과 청소년은 성인의 축소판이 아니라는 점을 환기할 필요가 있다.

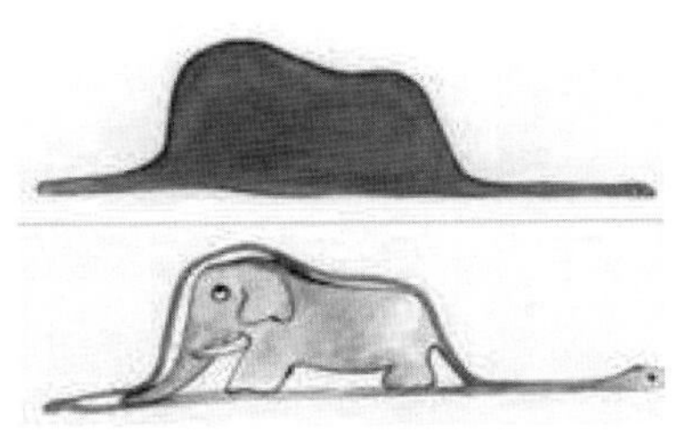

어린왕자에 등장하는 보아뱀의 예를 들어보자. 어린왕자에는 왼쪽과 같이 '보아뱀 그림'이 등장하는데, 뜬금없이 무슨 보아뱀인가 싶겠지만, 코끼리를 잡아 삼켜 몸이 뚱뚱해진 보아뱀을 그려 놓고 이 그림이 어떻게 보이는지, 어떤 그림인지를 물어본다면 대부분의 어른들은 이 그림을 뱀으로 인식하지 못하고 '모자'로 인식한다.

어린아이의 눈에는 보이지만 어른의 눈에 보이지 않는 그 무엇, 조직화되고 통제되어 있으며 자신의 경험과 기반 지식을 토대로 이해하려는 어른들의 시점에서는 위의 그림은 보아뱀이 아닌 '모자'일 뿐이다. 또한 현실세계에서 계획된 삶을 살아가는 어른들에게는 아이들의 그림 따위는 중요하지도 않을 수 있다. 그러나 아이들은 그림을 통해 자신의 내면을 표현한다. 아이들의 그림에서 보여지는 투명성, x-레이처럼 안이 훤이 들여다 보이는 그림은 현실적으로는 불가능한 것이지만, 아이들의 세계에서는 자연스러운 것이다. 아이들은 흔히 집안의 내부, 엄마 배 속에 있는 동생의 모습 등과 같이 외부에서 보이지 않는 모습을 그려낸다. 청소년기 이후부터 성인의 경우 이런 투명성이 나타난다면 현실검증 능력의 상실로 정신과적 문제를 시사하지만 아이들에게는 흔한 현상이다. 심지어 어린왕자의 그림실제로 어른인 생텍쥐페리가 그린 것이긴 하지만에서는 작은 소행성에 홀로 살고 있는 어린왕자와 다른 사람들의 모습들이 그려져 있다. 어린왕자는 이것을 분명 '집'으로 인식하고 있지만, 기둥도 벽도 지붕도 없는 작은 원형의 소행성일 뿐이다. 그에게 있어서 집은 단순히 건축물이 아닌 심리적 공간의 의미로 보이며 그 공간은 세상과 소통할 수 있도록 모두 열려 있다. 이렇게 비현실적이면서도 비논리적인 상상과 사고는 프로이드가 말하는 일차과정적 사고[2]와 일맥상통한다.

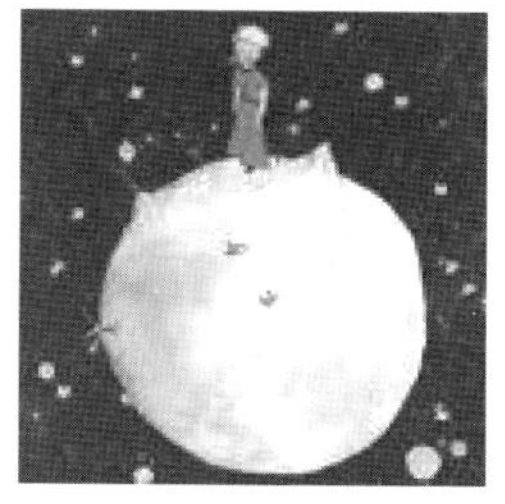

아기가 배고파서 울다가 젖을 먹고 나면 웃는 것처럼 충동들이 만들어내는 긴장이 해소될 때 기분이 좋아지고 행복해진다. 일차적 과정이란 욕구충족의 방식이면서 사고의 양식이다. 일차과정적 욕구 충족은 즉각적인 대신 대상이나 방법이 유동적이다. 배고픈 아기는 엄마가 자기 앞에서 우유를 타고 있는데도 울어대지만, 엄마가 빈 젖꼭지를 물려주면 그친다. 이런 일

2) 일차 과정은 차츰 이차 과정에 의해 억압되는데 이차 과정은 현실 원리의 지배를 받으며, 지연되고 조절된 욕동 만족에서 볼 수 있는 논리적 사고를 따른다. 현대 정신분석 이론에서 일차 과정과 이차 과정은 하나의 연속선상에 놓여있다. 모든 사고의 산물들(꿈, 증상, 실수, 환상, 공상, 문제 해결)은 다양한 정도의 정신적 구조와 원시적, 퇴행적, 방어적 및 성숙한 기제들이 한데 섞인 혼합물임을 보여준다(출처: 정신분석용어사전).

차과정적 사고 양식은 비합리적이고 시각적 심상에 의존하며 시간 의식이 없다. 꿈, 사고가 바로 이러한 양식이다[3]. 다시 말해서, 일차적인 사고 과정은 원시적이고 원초적인 정신작용으로 쾌락의 원리에 따라 욕구를 즉시적으로 해소하고 충족하는 것이 목표이다.

그러나 이런 행위는 사회적으로 용납되기 어려움으로 현실적인 측면을 고려하지 않을 수 없게 되고 원시적인 욕구는 억제되고 억압되는데 이는 이차적 사고과정을 통해 통제된다는 의미이다. 이런 이차적 사고는 우리가 현실적인 원리에 입각해서 많은 욕구들을 적절히 해소하도록 중재한다는 것으로 어린아이가 어른이 되는 성숙되어가는 과정에서는 필수적이라고 할 수 있다. 그러나 이런 기본적인 욕구가 모두 무시되고 억제되며 지나치게 엄격하게 통제된다면 우리의 삶은 너무나 각박하고 척박해지게 될 것이다.

이 영화에서는 자신의 소행성으로 돌아갔을 것이라고 생각했던 어린왕자가 다른 행성에 불시착해서 찌질한 어른으로 살고 있는 모습이 나온다. 그는 이전의 기억을 모두 잃고 이는 일종의 '해리성 기억상실'[4]과 비슷하다 하루 하루 근근히 살아가고 있었다. 꿈과 희망을 잃은

3) 홍숙기(2016), 성격심리, 박영스토리.
4) 해리장애의 일종으로 이 기억상실은 국소적(즉, 어떠한 사건이나 일정기간), 선택적(즉, 사건의 특별한 한 부분) 또는 전반적(즉, 정체성과 생활사)으로 나타날 수 있음. 해리성 기억상실은 기본적으로 자전적 정보를 회상하는 능력의 상실로, 정상적인 망각과는 일치하지 않음. 그것은 목적이 있는 여행이나 혼란스러운 방랑(즉, 둔주)과 연관되기도 함. 기억상실이 있는 일부 개인들은 그들이 기억하지 못하는 시간이 있다거나 기억 사이에 공백이 있다는 사실을 즉각적으로 알아차리지만, 해리장애가 있는 대부분의 개인은 처음에는 그들의 기억상실에 대해 알아차리지 못함(DSM-5 기준).

그의 얼굴은 무기력하고 불행하게 보인다. 완전히 다른 사람이 되어 살아가는 그에게 소녀가 나타나 그가 누구인지를 일깨워 주고 그는 다시 어린왕자의 모습을 되찾고 동심을 회복한다. 동심을 회복한다는 것은 현실적인 것에만 얽매여 눈에 보이는 것에만 집착하고 앞만 보고 살아가는 것에서 이전의 꿈과 소망을 다시 찾고 좀 더 유연하고 생기발랄하고 열린 마음을 갖는 것을 의미한다. 어린 시절의 나와 어른이 된 내가 단절되지 않고 소통하면서 자신의 다양한 측면들을 수용하는 것이 필요하다.

"사막이 아름다운 건, 어딘가에 우물을 감추고 있기 때문"

어린아이들의 세계는 어린왕자의 세계와 비슷하다. 따라서 어린아이들의 심리를 그들의 눈높이에서 이해하지 못한다면 소통하기가 어렵다. 특히 어린아이들과 상담을 하고자 한다면 아이들의 발달에 대한 충분한 이해를 하는 것이 중요하다고 볼 수 있다.

아이들은 언어적으로나 인지적으로 충분히 발달하지 못했기 때문에 자신의 생각을 어른들처럼 표현하기 어렵다. 그래서 '놀이' 등을 매개로 아동의 심리에 접근하는 것이 필요할 수 있는데 이런 치료기법을 '놀이치료'라고 한다. 다시 말해 놀이치료는 놀이를 매개로 한 심리상담의 한 종류하고 할 수 있다. 어린아이들일수록 이런 놀이가 더욱 필요하고 아동 자신도 모르는 심리에 보다 깊숙이 접근할 수 있다.

청소년기에 들어서면 전술한 바와 같이 성인과 거의 동등한 수준의 인지발달을 성취하기 때문에 놀이치료와 같은 상담보다는 말로 하는 상담이 적절할 수 있다. 그러나 그들의 능력을 너무 과신하거나 과대평가해서는 안 된다. 이들의 경우 지나치게 이상주의적이거나 현실검증 능력이나 판단력에 있어서 문제를 보일 수 있다. 겉으로 보기에는 다 큰 것처럼 보이지만, 아직 그들은 성인이 아니라는 것을 명심할 필요가 있다. 이들과 대화를 할 때는 존중해주면서 논리적으로 반박하는 것도 필요하다. 이런 대화를 통해 아이들은 성장한다. 어린 왕자에서도 왕자가 세상의 다양한 사람들을 만나면서 소통하는 과정에서 점점 성숙되어 가는 모습을 볼 수 있는데, 아이들이 가지고 있는 잠재력을 이끌어 내기 위해서는 어른들이 먼저 그들의 세계로 다가가야 한다. 그러나 말이 쉽지 아이들의 세계로 접근하는 것이 쉽지 않다. 어떤 면에서 어른들은 아이들과 소통을 스스로가 단절해 왔을 수 있다. 아이가 이야기하는 것을 귀담아 듣고 그들의 이야기를 공감해 주기보다는 가르치고 지시하거나 무시하는 경우가 대부분이다. 그래서 어느 순간부터 아이들은 입을 다물고 자신들의 세계로 들어가버린다. 청소년기에 들어선 아이들은 대부분 부모와 대화하기를 꺼린다. 말해봐야 좋은 소리를 듣지 못할 것이 뻔하기 때문이다. 그런 아이들의 마음을 헤아리지도 못한 채 부모들은 소통을 거부하는 아이가 서운하다. 사춘기라서 그렇다면서 애써 위로하지만 그들을 그렇게 만든건 바로 부모 자신이다.

아동 · 청소년과 상담 시 고려할 몇 가지 사항

대부분의 아동과 청소년들은 누군가가 그들에게 치료가 필요하다고 결정하면서 서비스를 찾게 된다. 아동의 행동은 누군가에게 문제가 되며 아마도 어른들은 아이들의 심리적 안녕과 미래의 행동에 관심을 가질 것이다. 아이들을 낮은 수준의 자기자각 능력과 자기점검 능력을 가지고 있으며 상담실에 온 것에 관한 적대감과 창피스러움을 가지고 있다. 아동기의 정상적 도전과제와 한계점들은 자기 반영, 자기점검 능력의 결핍, 권위적 인물에 대한 편견, 곤경에 빠지는 것에 대한 두려움, 가족의 신념과 규칙, 학대경험, 제한된 표현력이다.[5]

과거에는 아동이나 청소년을 성인의 축소판 정도로 이해하는 경향이 있었으나, 아이들은 인지적, 정서적, 신체적으로 그 발달 수준이 다르기 때문에 그들의 발달 수준에 맞추어 대화를 하는 것이 바람직하다. 특히 청소년들의 경우 겉으로는 성인과 비슷한 신체적 조건을 갖추었기 때문에 그들의 발달 수준이 성인과 비슷할 것이라고 생각하고 접근하기 쉬운데, 이들도 역시 아직 미성숙한 아이들이라는 점을 간과해서는 안 된다.

그러는 한편, 아동과 청소년 내담자들은 성인과의 의사소통에 대한 어떤 기대를 가지고 있다. 이런 기대는 교사 코치, 다른 가족구성원들, 지역사회구성원들과의 상호작용에서 영향을 받는다. 어린아

5) 이규미 외 공역(2011), 아동 및 청소년 상담, 센게이지 러닝.

이들은 새로운 어른과 만날 때 더 수줍어 하는데 반해, 청소년들은 새로운 어른을 만날 때 더 무뚝뚝하며 비협조적인 반응을 보인다. 초등학교 저학년 아이들의 경우 자기 자각력이 부족한 것은 발달적으로 정상이지만 상담과정에 방해가 될 수 있다. 그러므로 자기 관찰 기술을 증진시키기 위한 특별한 기술과 연습이 필요하다. 상담자는 아동과 청소년들의 경우 부정적 결과를 감소시키고 자유를 더 많이 주게 되면 동기 부여가 될 것이다.[6]

아동과 청소년과 상담할 시 다음과 같은 점을 주의할 필요가 있다.

(1) 발달 및 인지적 수준에 맞춘 질문을 해야 한다.

예를 들어, 처음 상담실에 왔을 때 성인의 경우 통상 "어떻게 오셨나요?"라고 질문하지만 아동·청소년들은 자발적 의사에 의해 온 것이 아님으로 "여기 오니 기분이 어떠니?"라는 식으로 질문을 바꿀 필요가 있다. 나이가 어린 아동들은 아동들이 관심을 가질 만한 장난감이나 놀이감을 주고 그것을 통해 이야기를 유도하는 것이 효과적이다.

(2) 천천히, 조용하게 말하되 칭찬할 때는 톤을 높이고 부정적인 행동에 대해서는 낮은 톤으로 단호하게 말해줄 필요가 있다.

아이들에게는 천천히 조용히 말하는 것이 효과적이다. 큰 소리를 내는 것은 일시적으로만 효과가 있을 뿐이다. 아이가 말을 듣지 않

6) 이규미 외 공역(2011), 아동 및 청소년 상담, 센게이지 러닝.

거나 문제 행동을 보일 경우에는 낮으면서도 단호하게 말할 필요가 있다. 그러나 칭찬할 때는 다소 과장되게 톤을 높이고 비언어적인 제스처 등을 사용해 차별화할 필요가 있다. "와~ 대단하다"라면서 웃으면서 환호를 해주어야 효과가 있다.

(3) 수용적이면서 중성적인 태도와 단어를 사용한다.

상담실을 찾는 대부분의 아이들은 칭찬보다는 지적을 받는 경우가 많다. 그들은 자신들이 무엇을 잘못했는지 정확히 알지 못한 채로 혼이 나는 경우가 있고 대부분의 부모들은 아이들의 문제 행동을 몇 번 참아주다가 결국에 분노를 터트리는 경우가 많기 때문에 아이들은 자신들이 잘못했다기보다는 부모가 자신을 미워하거나 화풀이를 한다고 생각하고 잘못을 인정하지 않을 수 있기 때문에 수용적으로 이야기를 들어주면서도 중성적인 태도와 단어를 사용하여 감정을 드러내지 않는 것이 중요하다. 영화 <케빈에 대하여>에서 케빈이 엄마에게 반항하기 위해 계속해서 기저귀에 변을 싸는 행동을 하는 장면이 나온다. 화가 난 엄마가 케빈을 밀치다 팔이 부러지는 사고가 일어난다. 부모가 감정적으로 대할 때 아이들은 자신이 잘못했다고 생각하기 보다는 엄마가 자신을 미워하는 것이라고 생각할 수 있다.

(4) 부모와 주변인들의 협력을 잘 이끌어 내야한다.

아동이나 청소년과의 상담은 독립적으로 이루어지는 것이 아니라 그들의 부모와 함께 이루어진다는 것을 명심해야한다. 즉, 한 사람이 아닌 두 사람 또는 세 사람 이상과 상담을 대상으로 이루어짐으로 어떤 면에서 성인 상담보다 어려울 수 있다.

중요한 것은 부모와 주변인들의 협력이 절대적으로 필요하다는 것이다. 그 이유는 부모가 협력하지 않으면 상담이 지속되지 않을 수 있고 목표했던 성과를 얻기도 어렵다. 초보 상담자들이 실수하는 것 중에 하나는 아동이나 청소년의 문제를 부모의 탓으로 돌리고 부모를 몰아세우 것이다. 상담실을 찾는 이유는 비난을 받기 위해서가 아니라 도움이 필요해서 임으로, 그동안 마음 고생했을 부모를 지지해 주어야 하며 협력을 얻어내는 것이 상담 결과에 긍정적인 영향을 미치기 때문에 그들과 관계를 잘 유지하는 방법을 터득해야 한다.

필자의 경우, 아이의 문제를 이야기하면서 부모가 그동안 얼마나 힘들었겠는지를 공감해주면 많은 부모들이 상담가에게 감사를 표하면서 상담에 적극적으로 임하는 경우를 많아 보게 된다.

아동 · 청소년과 라포형성하기

상담의 성과는 라포형성이 잘되느냐 아니냐에 그 성패가 있다고 해도 과언이 아니다. 이는 성인 내담자나 아동청소년 내담자 모두에 해당된다.

상담 초기에 형성된 상담자와 내담자 간의 작업동맹working alliance

수준과 상담의 성과 간에는 높은 상관이 있다고 알려져 있다. 상담 목표에 대한 합의goals, 상담에서 수행해야 할 구체적 과제tasks에 대한 합의, 정서적 유대감band 형성에 유의해야 하며, 상담자는 내담자에게 따뜻하고 수용적이며 상담과정이 안전하다는 느낌을 주어야 한다.[7] 그러면서 한편으로 부모하고도 유사한 동맹을 형성해야 한다. 그 가족체제 내에 가족 역동이 뒤틀리지 않도록 하는 것이 중요하다. 아동 및 청소년과는 역전이에 빠지기 쉬우며 상담자는 그들의 부모를 대신해서 강한 옹호자의 역할을 취하면서 내담자와 지나치게 동일시할 수 있다. 학대피해 사례의 경우 이런 식의 역할이 권장되기도 한다. 또한 훈육이나 권위에 대해 전통적인 관점을 가지고 있는 상담자는 부모와 좀 더 강하게 동일시 할 수 있는데 중요한 것은 균형잡힌 반응이 중요하다.[8]

성인이든, 아동청소년이든 라포를 형성하는 것은 중요하지만 쉽지 않은 작업이다. 특히, 아동이나 청소년과 라포형성은 성인보다 더 어려운 측면이 있다. 아동이나 청소년은 자발적인 동기에 의해

---

7) 프로이트(Sigmund Freud)는 분석가와 환자의 관계를 논하면서 사용한 용어로 '라포' 대신 '치료 동맹'이라는 용어를 사용하였고 이 치료동맹은 1950년대 정신분석학자 제트젤(Zetzel)이 사용하면서 시작되었다고 한다. 1960년대에 그린슨(Greenson)에 의해 작업동맹(Working alliance)이란 용어가 등장하면서 치료 동맹 혹은 작업 동맹으로 사용되고 있다. 이러한 라포형성이 되어야 의사소통이 원활해지고 내담자가 좀 더 자신을 드러내며 편안하게 자신을 탐색할 수 있으므로, 상담의 성과에 있어서 매우 중요하다. 즉, 치료동맹 또는 라포형성이 잘 되냐 그렇지 않냐가 상담에 있어서 가장 중요하다고 해도 과언이 아닐 정도로 라포형성은 중요하다(이장호 · 김현아 · 백지연 공저(2013), 상담심리 가이드 북, 북스 힐).

8) 이규미 외 공역(2011), 아동 및 청소년 상담, 센게이지 러닝.

상담을 하러 오지 않기 때문에 어떻게든 상담을 하려고 하지 않고 거부하거나 저항하는 경우가 대부분이기 때문이다. 그들의 환심을 사기 위해 치료사는 고군분투하지만 그럴수록 아이들은 치료사를 쥐락펴락하려고 할 것이다. 대개 초보자들이 이런 실수를 많이 한다. 아이들이나 청소년들에게 친절하고 수용적으로 대해야 하지만, 지나치게 그들의 비위를 맞추려고 할 필요는 없다. 적당한 거리를 두고 일관성 있게 아동과 청소년이 탐색할 기회를 주는 것이 필요하다. 아동청소년의 입장에서 생각해보면, 처음 만나는 사람이 자신에게 지나치게 잘 대해주는 것이 부담스러울 수 있고 그 의도가 무엇인지, 자신에게 얼마나 호의적인지 어디까지 허용을 해줄 것인지 궁금할 것이다. 시간을 두고 치료자를 관찰하고 탐색함으로써 긴장과 경계를 풀고 상담자에게 스스로가 한발 한발 다가올 때까지 기다릴 필요가 있다.

영화 <어린왕자>에서 조종사는 비행기를 수리 중에 있다가 뜬금없이 어린 남자아이의 출현을 경험한다. 이것이 생시인지 아닌지 구분할 사이도 없이 아이는 "양을 그려달라"고 요구한다. 아이들의 사고는 자기 중심적이기 때문에 상황이나 맥락을 고려하지 않고 자신의 관심사를 맹목적으로 이야기한다. 어린 왕자도 마찬가

지이다. 당황스럽기도 하고 황당한 요구에도 조종사는 양을 그려준다. 그러나 번번히 거절 당한다. 결국 구멍이 뚫린 우리를 그려주고 니가 원하는 양은 그 안에 있다라는 말에 어린왕자는 그제서야 환한 미소를 짓는다. 아동 또는 청소년과의 상담은 그들의 세계로 들어가기 위해 끊임없이 주파수눈높이를 맞추는 과정이라고 생각한다.

조종사와 어린왕자는 서로를 이해하게 되고 진정한 친구가 된다. 상담관계 등 보다 구체적인 내용은 『영화로 이해하는 심리상담』박소진/박영스토리을 참고하기 바란다.

02

어바웃 어 보이(2002)

About a boy

"소년, 남자가 되다!"

어바웃 어 보이(2002) *About a boy*

2002. 08. 23. 개봉
(감독) 크리스 웨이츠, 폴 웨이츠,
(출연) 휴 그랜트, 토니 콜렛,
레이첼 와이즈

부모의 유산으로 부족함 없는 백수 생활을 하는 미혼남 윌 프리먼(휴 그랜트)는 나이가 들수록 자신의 직업이 무엇인지, 결혼은 했는지, 아이는 있는지 등의 질문을 들을 때마다, 자신의 정체성에 대해 고민하게 된다. 그러던 중, 12살짜리 왕따 소년 '마커스(니콜라스 홀트)'를 만나게 되는데, 이 소년의 일을 우연히 돕게 되면서 두 사람은 우정을 쌓아가기 시작한다. 서로 어울릴 것 같지 않던 두 사람이 만나 성숙해 가는 과정을 그린 영화이다.

○ 등장인물

휴 그랜트(윌 프리먼 역)

니콜라스 홀트(마커스 역)

- 윌 프리먼: 아버지로부터 막대한 유산저작권을 물려받고 무직으로 살면서도 부유한 생활을 유지하지만, 나이가 들어가면서 점점 자신의 정체성에 대해 고민하게 된다.
- 마커스: 나이에 비해 성숙한 소년이지만, 부모의 이혼과 엄마의 우울로부터 자유롭지 못하다. 친구들로부터 왕따를 당하던 중 엄마가 우울증으로 자살을 시도하면서 엄마에게 남자친구윌를 소개시켜주기로 결심한다.

미성숙한 독신남 이야기

부모의 유산으로 돈 걱정 없이 하루하루 편하게 살아가는 독신남 '윌'이 있다. 그의 부모는 그에게 막대한 유산저작권을 물려주었지만, 어른이 되도록 '정신력'은 길러 주지 못한 모양이다. 그는 38살이 되도록 직장도 한번 다닌 적 없고, 연애도 두 달 이상 지속해 본 경험이 없다.

"노동은 신성한 것"이라며, "일하지 않는 자 먹지도 말라"는 말이 있지만, 일이 필요한 건 그저 먹고살기 위해 필요한 것일지도 모른다. 그러나 아무 것도 하지 않고 산다는 것도 늘 재미있는 일만은 아닐 것이다. 게다가 '직업'이 없다는 것은 그 사람의 '정체성'과도 관련이 있으며, 거창하게 '자아실현'까지는 아니더라도, 일과 직장은 가끔은 내가 누구인지 확인시켜 주는 계기를 만들어준다는 것은 확실하다. 내가 그래도 뭔가 쓰임이 있다는 확인 말이다.

영화 <어바웃 어 보이>의 남자 주인공 윌휴 그랜트에게도 자신의 존재의 가치를 느끼게 해주는 '일'이 필요했다. 그래서 그는 싱글대디 흉내를 내기 시작한다. 그러다가 우연히 왕따 소년 '마커스니콜라스 홀트'를 만난다.

왕따 소년의 이야기

마커스는 엄마남편과 이혼을 하고 마커스를 혼자 양육하고 있는 것으로 보임하고 산다. 엄마는 음악치료사이다. 그런데 엄마가 아침부터 운다. 마커스는 알 수 없는 이유로 엄마는 아침 댓바람부터 눈물 바람인데, 마커스 엄마는 우울증세가 있는 것으로 보인다. 그리고 마커스를 친구에게 맡기고 엄마는 자살 기도를 한다. 다행히도 응급처치로 살아나긴 했지만, 어린 마커스가 감당하기 어려운 상황이다. 마커스는 우울한 엄마가 언제 또 죽으려 할지 모른다는 생각 때문에 불안하다.

"두 사람만 있다는 것은 부족하다. 또 다른 누군가가 필요하다." 소년은 엄마를 지켜줄 누군가가 필요하다고 생각한다.

about 철부지 미혼남과 왕따 소년의 만남

내가 이 영화를 처음 본 것는 수년전의 일이다. TV에서 방영되는 걸 우연히 보게 되었고, 지금은 집필을 위해서 다시 보고 있는 중이다. 집중이 안 되서 벌써 세 번째 보고 있다. 그런데 이 영화가 어린 소년의 이야기가 아니란 것을 뒤늦게 깨달았다. 이 영화의 'about a boy'의 그 'boy'가 어린 소년만을 지칭하는 것이 아닌, 아직 어른이 되지 못한 어른 아이를 지칭하는 것이라는 것을 말이다. 나이만 먹은 어른 남자가 어린 소년을 만나서 이 아이를 돕게 되고 그러면서 자신도 성장한다는 내용이다. 누군가를 돕는다는 것은 실제로 상대방의 성장뿐 아니라, 자기 자신의 성장을 돕는다는 것에 더 중요한 가치가 있는지도 모른다.

겉만 어른인 윌과 우울증 엄마 때문에 빨리 성숙해버린 마커스, 두 남자가 성공적으로 진짜 어른 남자가 될 수 있을까? 두 사람은 어쩔 수 없이 동맹을 맺고 서로를 돕기 시작한다. 그러면서 자연스럽게 우정을 쌓아가기 시작한다. 그들이 성장하고 있다는 것을 영화에서는 '사랑에 빠지는 것'으로 보여준다. 심리학자 에릭 프롬의 말대로 '사랑을 느끼고 사랑을 주고 받는 행위'는 분명 능력이고 책임이 뒤따르는 성숙한 행위라는 전제에서. 약속이라도 한 듯이 두 남자에게 사랑하는 여자가 생긴 것이다.

소년에서 남자로 다시 태어나다!

내가 생각하기에 세상에서 가장 어려운 것은 '소년소녀이 진짜 남자어른가 되어가는 과정'이라고 생각한다. 신체적인 변화는 시간이 흐르면 자연스럽게 오는 것이지만, 심리적이고 정신적인 과정은 자연스럽게 거져 얻어지는 것이 아니다. 늘 새롭고 낯선 것들로부터 자신을 보호하기 위해 싸워야 하고 때론 승리의 쾌감을 맛보기도, 때론 지는 법도 배워야 한다. 그리고 타협하는 방법을 터득해야 한다. 그렇게 전쟁과도 같은 과정을 거쳐 우리는 어른이 되었다. 두 사람도 그렇게 서로 도와가며 어른이 되는 방법을 찾아간다.

왜 이들이 만나게 된 건지, 윌은 왜 백수건달로 살고 있으며, 마커스는 왜 왕따를 당하고 있는지에 대해 살펴볼 필요가 있다.

윌은 아버지가 물려준 유산으로 인해 물질적으로는 편안한 삶을 산다. 그렇기 때문에 스스로 무언가를 개척하거나 노력할 필요가 없었고 책임질 필요가 없었을 것이다. 가끔 지나친 풍요는 재앙을 가져온다. 윌의 아버지는 우울했던 것으로 보인다. 그리고 마커스의 엄마도 우울증 증세를 보이고 있다. 두 사람에게는 묘한 공통점이 있고 그것이 연결고리가 되어 만나게 된 것일지도 모른다. 부모가 우울하다는 것은 어린 자녀들에게는 가장 큰 불행이 아닐 수 없다. 특히, 우울한 엄마는 아이의 요구에 민감하지 못하기 때문에 적절하게 반응해 주지 못하고 이로 인해 아이는 적절히 상호작용하는 방법을 배우지 못한다.

영화 속 마커스는 성숙하고 영리한 아이이지만, 스스로의 역량을 잘 발휘하지 못하고 아이들로부터 놀림을 당하고 괴롭힘을 당한다. 다 큰 마커스를 엄마는 굳이 학교까지 데려다주고 다른 아이들이 보는데서 "사랑해"라고 외친다. 아이들은 그런 마커스를 보고 키득거리며 웃는다. 마커스도 종종 이상한 행동을 해서 지적을 받곤 하는데, 아무 때나 노래를 흥얼거리는 것이다. 그럴 때마다 아이들은 마커스를 놀리고 조롱하며 심하게 괴롭히지만, 정작 우울한 엄마는 이런 사실을 전혀 알지 못한다흔히 왕따를 당하는 아이들에게 문제가 있다고 하는데, 요즘에는 꼭 그런 것 같지만은 않다. 다만, 왕따를 당한다고 부모들이 무조건 학교를 찾아가거나하는 식으로 개입을 하는 것은 좋지 않다. 대게는 자존감이 부족하거나 사회적 기술이 부족한 경우가 많기 때문에 이런 점들을 개선해주는 것이 필요하지만, 그 이전에 그 아이가 겪었을 고통과 스트레스에 대해서 충분히 공감해줘야 한다.[9]

영화 ＜어바웃 어보이＞의 마커스는 청소년기에 접어들기 시작한 것으로 보인다. 청소년adolescence, youth이란 용어는 라틴어로 '성장한다' 또는 '성숙에 이른다'는 의미로, 이 시기가 신체적, 심리적, 사회적 성장이 급속하게 진행된다는 전환기적 의미를 암시하고 있고 청소년기의 정의는 관점에 따라 다음과 같이 언급된다.

생리학적 측면으로는 생식기관과 성 특징들이 나타날 때 시작하

9) 박소진(2014), 영화 속 심리학, 소울메이트.

여 생식체계의 완전한 성숙과 함께 끝나는 것으로 정의Douvan & Gold, 1996하였고, 인지적 측면으로는 추상적 사고와 논리적 추리가 나타나기 시작하고 상위 인지 능력을 갖기 시작할 때 청소년기가 시작되고 생활의 모든 영역에서 그것들을 사용할 수 있을 때 끝나는 것Kuhn, 1979으로, 사회학적 측면으로는 사회적 요구에 대한 일관성 있는 대처 양식이 확립되므로 사회가 그들의 성인됨을 인정할 때 종결Sebald, 1968로, 연령에 따른 정의로는 10~19세까지를 청소년기Ramsey, 1967로 보며, 마지막으로 우리나라의 청소년기본법에서는 9세에서 24세까지를 청소년으로 규정한다. 이를 종합하여 일반적으로 청소년기는 사춘기 혹은 성적 성숙의 시작에서 출발하여 성인의 책임을 맡을 때까지로 정의할 수 있다.[10)]

소년 마커스와 윌의 심리를 이해하기 위해서는 청소년기의 발달 특성에 대해 알 필요가 있다.

○ 신체적 발달

청소년기의 핵심적인 신체적 발달은 성적인 성숙으로 지칭되는 '사춘기puberty'[11)]로 급속한 신체의 외형적 성장과 호르몬의 변화에 의한 생식 능력이 획득을 의미한다. 최근 우리나라의 경우 급격한 경제성장으로 인해 아이들의 신체적 성장도 빨라지고 2차 성징도

---

10) 유진이(2017), 청소년 심리 및 상담, 양서원.

11) 사춘기(思春期)
몸의 생식 기능이 거의 완성되며, 이성(異性)에 관심을 갖게 되고 춘정을 느낄 만한 나이.

상당히 빨리 진행되고 있다. 성숙은 사춘기를 기점으로 1차 성징과 2차 성징이 나타나면서 16~18세까지 성인수준에 도달한다. 외관상으로는 거의 성인과 흡사하다고 할 수 있지만, 그렇다고 이들의 능력을 과대평가해서는 안 된다. 청소년은 영화 <몬스터 콜>[12]에 등장하는 멘트처럼 아이라고 하기에는 크고 어른이라고 하기에는 아직 어린, 아이도 아니고 아직 어른이 되지 못한 어른의 몸을 한 어린아이라고도 할 수 있을 것이다. 아직 미성숙되고 완성되지 않았기에 좌충우돌 할 수밖에 없다. 또한 갑작스러운 성적 성숙은 본인 스스로도 당황스러운 변화일 수밖에 없다. 예를 들어, 초경을 하게 되는 경우 아이는 당황하고 심지어는 이런 신체 변화를 수치스럽게 여길 수 있기 때문에 사전에 주변 어른들이 이런 변화는 어른이 되어 가는 자연스러운 과정임을 인식시켜줄 필요가 있다.

인지발달

• 지능 지수

인지는 '앎' '인식'의 의미이고 지능과 유사한 개념으로 학자에 따라 지능을 "학습 능력A. Binet"으로 보는 관점이 있고 "환경이나 새로

---

12) 몬스터 콜 (2017) A Monster Calls
(감독) 후안 안토니오 바요나 /
(주연) 시고니 위버, 펠리시티 존스,
루이스 맥더겔, 리암 니슨
병으로 죽어가는 엄마와 살면서 기댈 곳 없는 외로운 소년 '코너'가 상상 속의 '몬스터'를 만나면서 상처를 치유하고 성장해가는 이야기.

운 상황, 문제에 적응하는 능력W. Stern, R. Pintner, S. Colvin, Piaget"으로 보거나 "추상적인 사고 능력이면서 그것을 구체적인 사실들과 관련시킬 수 있는 능력L. Thurstone, L. Terman"으로 보기도 한다. 많은 학자들이 IQ 점수란 단지 "특정시기에서 개인의 지적 수행을 예측해주는 추정치"라고 주장하는데 지능은 그 사람이 얼마나 잘 적응하고 수행을 해낼지를 판단할 수 있는 가늠자임은 분명하다. 이런 지능지수도 청소년기에 접어들어서면서 안정적으로 유지되는데 이는 뇌의 발달과 연결되어 있다.

• 뇌의 발달

전술한 바와 같이 지능의 발달이 뇌의 발달과 맥을 같이 하며 뇌의 발달은 3세 정도가 되면 성인 뇌 무게의 75%, 10세 이전에 95%가 완성된다. 그러나 청소년기에도 여전히 뇌의 발달이 이루어지는데, 특히 추리, 계획, 운동, 감정, 문제해결 등을 담당하는 영역인 전두엽은 청소년기 이후 성인기 초기까지 발달한다. 그렇기 때문에 성인 초기까지는 뇌의 발달에서도 미성숙하다고 할 수 있고 현실검증 능력이라든지 판단 능력이 부족하고 충동적인 행동으로 표출될 수 있다. 또한 두정엽은 시각을 담당하는데 청소년기에 급격히 발달한다. 이 시기에 연예인이나 스포츠 선수 등을 좋아하고 외모에 신경을 많이 쓰는 이유가 여기에 있다. 만약, 청소년기에 접어든 아이가 갑작스럽게 거울을 자주 보고 걸 그룹이나 아이돌에 열광한다면 아이가 사춘기에 접어들었다는 신호라고 생각해도 좋을 것이다.

그렇기 때문에 이런 아이에게 외모는 중요하지 않다거나 공부를 소홀히 한다고 잔소리를 해봐야 반작용만 사게 될 것이다. 필자의 경우 상담하던 아이가 머리 스타일에 지나치게 집착하는 것 같아서 선생님 보기에 "요 머리가 좀 지저분한 것 같으니 자르는 것이 어때?"라고 했다가 "그렇게 말하는 선생님 머리가 더 지지분하거든요"라고 바로 반격을 받은 기억이 난다. 오히려 그들의 취향을 적당히 존중해 주는 것이 좋다. 아이돌에 한참 빠진 초등학교 5학년 여자아이에게 얼굴에 바르는 팩을 선물했더니, 딱 자기 취향이라면서 좋아하던 기억이 난다. 또 다른 예로, TV 패널 중 한 사람이 자기 딸 이야기를 한다. 너희들은 왜 그렇게 외모에 집착하느냐고 하니, 딸 아이의 이야기가 "우리는 아직 결정된 것이 없고 미래는 불확실하기 때문에 현재로서 눈에 보이는 것은 외모밖에 없기 때문에"라는 답변을 하더라는 것이다. 어쩌면 아이들이 이미 더 잘 알고 있는지도 모른다. 이런 청소년기의 아이들은 피아제가 말하는 인지발달단계 중 마지막 단계인 형식적 조작기에 해당한다.

• Piaget의 인지발달 단계

Piaget1954는 인지발달에 4단계가 있으며, 질적으로 순서대로 진행된다고 보았다. Piaget 인지발달 4단계인 형식적 조작기formal operational stage는 청소년기를 형식적 조작 사고가 발달하는 시기라고 보았다. 구체적 조작이 현실과 경험에 근거해서 논리적으로 사고할 수 있는 정신활동이라면, 형식적 조작이란 현실에 토대가 없는 가상적인 상황이나 대상을 개념이나 명제에 근거해서 논리적으로 추론하는 정신 활동연역적, 귀납적 추론이다. 형식적 사고는 매우 논리적, 합리적, 체계적, 추상적이다. 따라서 이 시기가 되어야 보다 효율적인 과업성취가 가능하다. 예를 들어, 구체적 조작기의 아이들은 실물이 존재해야 이를 이해하지만 청소년기에 들어서면 이런 것을 제시하지 않고 구두상으로만 설명을 해도 이해가 가능하다. 예를 들면, 피타고라스의 정리라는 수학 공식이 있다고 할 때, 예전에는 중학교 들어가면 거의 처음 배웠던 공식으로 기억하는데 요즘에는 초등학교 4~5학년에 이 공식을 배운다. 청소년기의 아이들에게는 공식을 설명해주면 대부분 바로 이해하고 이를 적용하지만, 초등학생들은 그 원리를 이해하지 못한다. 실제로 필자가 경험한 바로는 초등학생의 경우 자나 각도기 등을 사용하여 문제를 풀려고 하였다. 아무리 설명을 해도 공식을 이해시키기가 어려웠다. 그러나 청소년기 아이들의 인지발달 수준이 성인에 가깝다고 하여도 이들이 성인과 같은 수준이라고 생각해서는 안 된다.

이들이 상상하는 현실에 대한 가상적 대안은 지극히 이상적이고 환상적이어서 현실 검증력이 약하고 이러한 사고로 인해 “세대 차이”가 생길 수도 있으며, 자신과 자신의 생각에 너무 몰두한 나머지 자아 중심적이 될 수 있다.

◦ 자아 정체감의 발달

청소년기의 주요 발달 과업 중 하나가 자아정체감의 발달이다. 자아정체감이라는 것이 제대로 발달하지 않는다면 이후 성인기가 되어서도 자신이 누구인지를 알지 못해 방황하게 될 것이다. 따라서 이 시기에 자아정체감을 발달시키는 것은 무엇보다도 중요하다. 자아정체감은 내가 누구인가에 대한 자기 동질성, 연속성, 고유성, 전체감, 통합감 등으로 이루어진 자아 인식이다.

"나는 누구인가" 하는 자아 인식은 2세경 거울 속에 비친 자신의 모습을 알아차리면서 자아상을 형성하기 시작한다고 한다. 이러한 자아 인식은 전생애를 통해 부모, 형제, 친구 등 주요 인물들과의 상호작용 속에서 형성되고 발달되며 나이가 들면서 자아의 발달은 신체적 자아에서 심리적 자아로 이행되고 어린 아동들은 신체적 특징, 능력, 욕구, 주요 인물에 대한 동일시 내용을 무의식적으로 통합해서 "나"라는 자아상을 갖게 되지만, 청소년기에 이르면 이러한 자아의 발달은 의식적인 수준에서 진행된다.

청소년 상담의 개념 및 목표

청소년기는 충동적이거나 정서적으로 불안정하고 특히 자아정체감에 혼란을 겪기도 한다. 청소년들은 학업, 진로 선택, 성격, 친구, 외모, 이성 관계 등으로 고민하고 있는 경우가 많지만 스스로 상담을 하러 오려고 하지 않기 때문에 상담에 어려움이 있다. 특히, 사춘기에 접어든 남자 청소년들은 상담에 보다 저항적인 경향이 있다. 청소년 상담은 청소년이 잘 적응하고 자신의 잠재가능성을 최대한 발현할 수 있도록 도와주기 위한 전문적인 개입이지만 교육적인 측면을 함께 고려해야 한다. 분명 성인이 아니기 때문의 그들의 의견을 모두 수렴할 수도 없다. 청소년 개인의 의사와 부모의 의사 모두를 고려해야 하고 판단력이 떨어지는 아이들이기 때문에 자신이 한 행동이 어떤 결과를 낳을 수 있을지를 예상하도록 하고 어떤 방법을 강구할지를 모색하는 것이 필요하고 때로는 협상을 통해 청소년들이 문제를 해결하도록 촉구한다. 예를 들어, 상담에 거부적이면서 오지 않겠다고 협박하는 청소년이 있다. 물론 부모가 상담에 협조적일 경우에 해당하지만부모의 지지는 결국 상담의 결과와 직결된다, '너가 오고 싶지 않아도 이건 부모님과 함께 결정할 문제이기 때문에 오기 싫어도 와야한다' 너가 선택할 수 있는 것에는 ~방법이 있다는 것을 아이에게 알려주고 선택하도록 한다. 그 외에 상담 시간 등은 청소년들이 직접 정하도록 하여 참여도를 높인다. 아이들은 자신에게 유리한 것을 생각하면서 상담을 최대한 빨리 끝내기 위해서 어떤 것이 자신에게 좋을지 고민하게 되는데 이것 자체도 아이들에게는 큰 도움이 된다.

청소년 상담의 주요 문제로는 학업, 진로, 성격, 정서 문제 외에 게임중독, 가출, 폭력, 왕따 등의 문제가 있는데, 상담자를 부모나 교사와 같은 입장으로 생각하고 방어적이거나 적대감을 보일 수 있기 때문에 신뢰관계를 잘 구축하는 것이 필요하다. 필자가 경험한 케이스의 경우 학업문제로 방문한 아이가 있었다. "공부만 잘하면 되는 것 아니냐?"면서 공격적인 태도를 보이길래 "너가 공부를 잘하는 것이 나와 무슨 상관이지?"라고 되묻자 아이는 당황하는 기색이 역력했다. 지금까지 공부만 잘하면 부모가 무조건 자신이 하고 싶은 대로 할 수 있었지만 상담실에 와서 이런 자신의 말이 통하지 않자, 아이의 태도는 바뀌었다. "너가 공부를 잘하던 못하던 그건 너의 문제이고 나는 너가 힘들어하는 것이 무엇인지 돕는 것이 내가 할 일이야!" 의외로 아이는 순수하게 자신의 이야기를 하기 시작했다. '집중이 잘 안되고 자신이 무엇을 좋아하는지, 잘할 수 있을지 자신감이 없다'는 얘기였다. 이후 우리는 잘 협력해서 상담을 진행했고 결과는 상당히 긍정적이었다.

또한 청소년 내담자가 자신의 감정을 자유롭게 표현할 수 있도록 하며 청소년 내담자의 정서 변화에 민감하게 반응하고 이해해야 한다. 예를 들어, 학교에서 친구를 때린 문제로 상담에 온 아이가 있었다. 그 이유를 물어보니 평소에 자신을 무시하던 같은 반 아이였는데, 아이들이 많은 장소에서 자신을 공개적으로 놀리고 때려서 자기도 모르게 주먹을 날렸다는 것이다. 그때 아이는 격앙되어 있었다. "와, 그랬더니 아이들 반응이 어땠어?"라고 물으니, 아이는 좀 우쭐 대면서도 한편으로는 자신의 행동이 잘못된 것이 아닌가하는 불안감이 있는 듯이 보였다. "얘기를 들어보니 너가 화날 만도 하다. 친구들이 많이 놀랐을 것 같다"라고 하니 그제서야 맘이 좀 편해진

듯 다시는 자기를 만만하게 보지 않을 것 같다고 말하는 것이었다. 그러나 “너가 상대를 먼저 때려도 안 되는 것이고 누군가가 너를 때리도록 해서도 안 된다”라고 말해줬다. 청소년들은 아직 경험이 부족하기 때문에 적절한 대응책을 마련하고 적극적으로 관여할 필요가 있다. 그러면서도 수용적이고 비판단적 태도로 상담에 임해야 한다. 또한 내담자와의 대화내용이 비밀보장이 되어야 한다는 것을 인지시켜주어야 한다.

PART *02*

나는 왜 이럴까

01 인사이드 아웃

나도 내 감정을 모르겠어!

02 신과 함께 - 죄와 벌

죄책감은 타고나는 것이 아니라 만들어지는 것이다.

01

인사이드 아웃(2015)

Inside out

"나도 내 감정을 모르겠어!"

인사이드 아웃(2015) *Inside out*

2015. 07. 09. 개봉
(감독) 피트 닥터
(주연) 케이틀린 디아스(라일리 역), 에이미 포엘러(기쁨 역),
필리스 스미스(슬픔 역), 루이스 블랙(버럭 역),
민디 캘링(까칠 역), 빌 하더(소심 역),
리차드 카인드(빙봉 역)

줄거리

사람의 머릿속에 감정 컨트롤 본부가 있고 그곳에는 기쁨, 슬픔, 버럭, 까칠, 소심 다섯 감정들이 있다. 이사 후 새로운 환경에 적응해야 하는 '라일리'는 여러 가지로 마음이 복잡하다. 우연한 실수로 '기쁨'과 '슬픔'이 본부를 이탈하게 되고 '라일리'의 마음속도 큰 변화가 찾아온다. 예전의 라일리로 되돌리기 위해 다섯 감정들은 힘을 합쳐 노력하는데 다시 라일리는 행복해질 수 있을까?

가끔은 내 스스로 내 마음을 도통 알 수 없다고 느낄 때가 있다. 내가 왜 이러는지 내 마음을 들여다 볼 수 있다면? 아직 미성숙한 아동이나 청소년기의 아이들이라면 더 혼란스러울 것이다.

영화 <인사이드 아웃>에서는 12세 소녀라일리를 통해 마음속의 감정들이 어떤 역할을 하며 이 감정들이 우리의 삶에 어떤 영향을 미치는지 흥미롭게 묘사하고 있다.

영화 <인사이드 아웃>에서는 사람의 머릿속에 감정을 컨트롤하는 본부가 있다. 이곳에서 기쁨, 슬픔, 버럭, 까칠, 소심 다섯 감정들은 시시각각 변하는 라일리의 감정상태를 살피며 어떻게든 라일리의 기분을 좋게 만들기 위해 고군분투한다. 그중 기쁨이가 가장 열성적이다.

최근 아빠 직장 문제로 이사를 하면서 전학을 가게 되어 신경이 예민해진 '라일리'를 위해 노력하지만 실수로 '기쁨'과 '슬픔'이 본부를 이탈하게 되자 '라일리'의 마음속에 큰 변화가 찾아온다.

영화 <인사이드 아웃>은 누구나 가지고 있는 기쁨, 슬픔, 분노, 짜증, 공포라는 다섯 가지 감정을 의인화하여 머릿속에서 어떤 일이 벌어지고 있는지를 흥미롭게 묘사하고 있는데, <몬스터 주식회사> <업>의 피트 닥터 감독이 6년 만에 선보이는 작품으로 피트 닥터 감독은 평소 밝고 명랑했던 딸이 조용하고 내성적인 성격으로 시시각각 변해가는 과정을 지켜보면서 '대체 우리 딸의 마음속에 무슨 일이 벌어진 걸까?'하는 의문을 갖게 되었고 딸 아이의 머릿속을 탐험해 보고 싶은 생각이 들었다고 밝혔다. 그는 "아이들은 커가면서 점점 어른들의 세상으로 빨려 들어가는 듯한 느낌을 받게 된다. 빨리 멋진 어른이 되고 싶지만 어떻게 해야 할지 모르기 때문에 어려움을 겪게 된다"고 말한다. 피트 닥터 감독을 비롯한 제작진과 심리학 전문가들이 함께 모여 인간의 다양한 감정과 표현 방법에 대해 연구하면서 지금의 '기쁨', '슬픔', '분노', '짜증', '불안'의 감정을 대표하는 다섯 캐릭터를 의인화했다.

그래서 그런지 다섯 가지의 감정이 마음이 아닌 머릿속에서 조절되고 있다는 가정은 그럴싸하다. 정서를 조절하는 부위는 머리, 즉 뇌의 대뇌 부위 중 전두엽과 관련되어 있기 때문이다. 전두엽은 사람의 앞쪽 이마에서 정수리 부분까지를 차지하는 부위로아래 그림 참조 문제해결, 기억, 언어, 동기, 판단, 충동통제, 사회적 및 성적 행동 등과 관련되어 있고 어떤 것을 실행하고 집행하는 집행자로서 컨드롤 타워와 같은 역할을 하는 것으로 알려져 있다. 따라서 각각의 정서들이 이 부위에서 통합되고 조절된다고 할 수 있을 것이다.

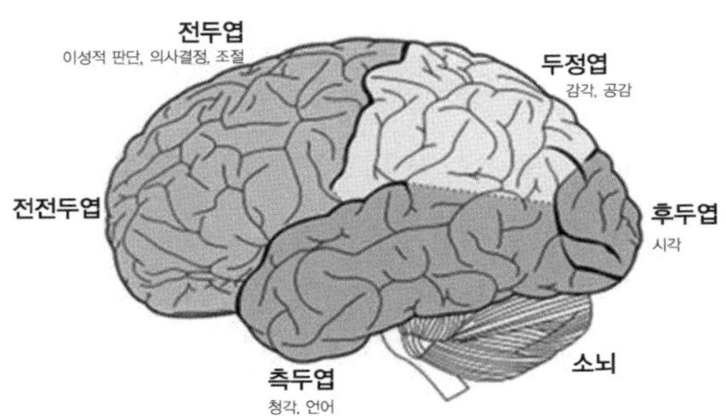

그리고 우리의 기본 정서는 기쁨, 슬픔, 분노, 공포이며 성장하면서 자랑스러움, 수치심, 죄책감, 질투, 자의식적 정서 등이 발달한다. 그러면서 성장과 함께 정서조절 능력도 발달하는데, 정서조절이란 환경에 적응하고 원하는 목표를 달성하기 위하여 정서적 각성상태를 조절하는 것으로 대표적으로 슬픔과 분노같은 감정은 조절을 요하는 대표적인 정서이다.

아래의 표에 연령별 정서의 발달을 정리하였다.

— 연령별 정서발달

대략적 연령	정서발달의 특징
2~3세	① 정서어휘가 빠르게 증가한다. ② 자신과 타인의 기본정서를 정확하게 명명하며 과거, 현재, 미래의 정서상태에 대해 이야기한다. ③ 특정한 정서의 원인과 결과에 대해 이야기하고 상황과 연합된 정서를 인지한다. ④ 가장놀이(pretend play)에 정서언어(emotion language)가 사용된다.

4~5세	① 정서를 언어적으로 표현하는 능력이 증가하고 정서와 상황 간의 복잡한 관계를 더 많이 고려할 수 있다. ② 동일한 사건도 사람들에게 각기 다른 정서를 유발할 수 있고, 사건이 종결된 후에도 정서가 지속될 수 있다는 것을 이해한다. ③ 사회적 기준에 맞추어 정서를 통제하고 조절해야 한다는 것을 더 잘 인식할 수 있다.
6~12세	① 자랑스러움, 수치심 같은 자의식적 정서를 더 잘 이해하며 그것들은 개인적 책임감과 통합된다. ② 한 상황에서 하나 이상의 정서가 경험될 수 있다는 것을 이해한다. ③ 정서반응을 일으킨 사건을 더 잘 인지한다. ④ 부정적 정서반응을 감추거나 억압할 수 있는 능력이 발달한다. ⑤ 정서를 조절하기 위한 효과적 전략을 사용한다.

출처: 장휘숙(2016), 전생애 발달심리학, 박영사.

우리의 머릿속에는 어떤 일이 벌어지고 있는 것일까?

영화 <인사이드 아웃>에서는 기발한 상상력으로 우리 머릿속에서 일어나는 일들을 표현하고 있다. 예를 들면, 감정을 컨트롤 하는 본부라든지, 기억 저장소라든지, 꿈 제작소라든지, 잠재의식 등 실제로 우리가 의식하든 의식하지 못하든 우리의 내적인 세계, 즉 우리의 뇌에서 실제로 일어나고 있는 현상을 이미지화 하였다. 구체적으로 살펴보자.

감정 컨트롤 본부

다섯 감정들이 '라일리'의 행복을 위해 분주하게 일하는 핵심 장소이다. 여기서 다섯 가지의 핵심 감정들이 협업하면서 라일리를 위해 일한다. 전술했듯이 전두엽이라는 대뇌 부위에서 이런 역할을 하는 것으로 보이는데, 아이들은 4가지의 기본 감정에서 분화된 점점 보다 복잡미묘한 감정들을 느끼게 된다. 아이들은 성장하면서 자신의 감정을 사회에서 수용 가능한 형태로 표현하는 방법을 배워야 하는데 나이가 들어감에도 원초적인 감정을 그대로 드러낸다면 주변인들이나 또래집단으로부터 거부당할 것이다. 그러나 복잡 미묘한 감정들을 인식하는 것초차 어려울 수 있다. 따라서 이런 감정들을 적절히 표현하도록 부모나 어른들이 조력해야 한다.

장기 기억 저장소

'라일리'가 세상에 태어난 순간부터 지금에 이르기까지 수많은 기억들이 보관되어 있는 공간이다. 영화에서는 더 이상 기억할 필요가 없는 것들은 기억 처리반의 검열에 의해 영원히 사라진다.

기억은 광범위한 정신활동으로, 경험한 사실에 대한 정보들을 보유하고 인출하고 수용하는데 수반되는 인지과정이다. 과거의 기억이 현재나 미래의 행동이나 사고에 영향을 주는데 기억은 모든 인지적 활동의 기본적 근거로 기억 능력이 없거나 이 능력에 장애가 있다면 정상적인 삶을 유지하기 어렵다.[1] 기억은 이름을 기억하는 단순한 과제부터 언어를 이해하고 사용하거나 목표를 수립하는 등의 어려운 과제에 이르기까지 기억이 관련되며 크게 감각기억sensory memory: 3~4초, 단기기억short－term memory: 10~15초 또는 작업기억working memory, 장기기억long－term memory: 수분이상~평생으로 나눌 수 있고 장기기억에는 '소풍'과 같은 과거 경험에 관한 일화기억episodic memory, 자전거를 타는 것과 같은 절차기억procedural memory, 주소나 사진과 같은 사실들에 대한 의미기억semantic memory가 있다.[2]

꿈 제작소

잠든 동안 꾸는 꿈들이 만들어지는 꿈 제작소. 우리는 잠이 들면 꿈을 꾼다. 우리가 수면에 들어가면 처음부터 깊은 단계non－REM단계로 들어가는 것이 아니라 REM 수면 단계로 빠른 안구 운동과 강한 심장 박동 및 호흡이 일어나지만 실행기능과 관련된 대뇌 피질 부분은 이 단계에서는 활성화되지 않으며 다른 부분들은 여전히 기능을 한다. 깊은 잠에 들기 전과 깨어나기 전이 이 REM 수면 단계라고 할 수 있고, 꿈은 이 REM 수면 단계에서 꾸게 되는 것으로 알려져 있다. 즉, 완전히 잠에 빠지지 않으면서도 신체적인 움직임은 활성화되지 않으면서 뇌의 다른 부위들은 여전히 활성화되어 있기 때

1) 박소진 외, 인지학습치료의 이론과 실제, 미간행.
2) 도경수 외 공역(2016), 인지심리학, 센게이지러닝.

문에 꿈을 꿀 수 있게 된다는 것이다. 그렇다면 왜 꿈을 꾸는 것일까? 이 꿈은 뒤에 나오는 잠재의식과 관련되어 있으므로 잠재의식에서 다시 설명하겠다.

잠재의식

떠올리고 싶지 않는 기억과 싫어하는 것들을 가둬 놓은 기억의 감옥이다. 이곳에 가면 '라일리'가 무엇을 무서워하는지 알 수 있다. 이 영화에서 말하는 잠재의식은 프로이트의 '무의식'의 개념과 비슷하다.

프로이트의 이론 중 핵심 개념 중 하나가 '무의식'이다. 그러나 무의식에 관한 개념은 프로이트가 처음 발견한 것은 아니었다. 쇼펜하우어나 니체와 같은 철학자나 시인이나 소설가 등에 의해 무의식적 감정과 사고의 중요성에 대해 직간접적으로 기술하였던 것을 프로이트가 '무의식'이라는 용어에 실체적인 지위를 부여했다.[3] 그는 인간의 마음속에 의식, 전의식, 무의식의 세 층이 있다는 지형학적 topographic[4] 모델을 내놓았다. 이런 그의 모델은 '꿈의 해석'에서 처음 제시되었다. 이것은 성격의 구조 또는 의식의 층으로 아래 그림

3) 이용승 역(2012), 상담과 심리치료 주요인물 시리즈 지그문트 프로이트, 학지사.

4) 지형학, 지형학적이라는 의미는 심리장치가 여러 체계로 분화되었다고 가정하는 이론이나 관점, 각자의 체계는 서로 다른 기능이나 특성을 가지고 있으며 서로에 대해 독특하게 배치되어서 그것들을 심리적인 장소, 즉 공간적으로 형상화된 표상을 부여할 수 있는 '심리적 장소'에 비유될 수 있다.

처럼 구성되어 있다.

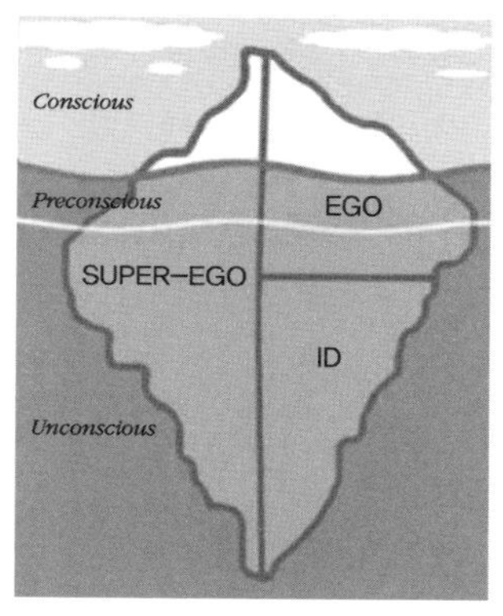

예전에 한 내담자가 꿈 이야기를 한다. 고등학교 시절로 돌아간 꿈이었는데, 시험을 보기 위해 준비하던 내용이라고 하였다. 그러면서 "이제 새삼스럽게 시험 볼 일이 없는데"라며 왜 이런 꿈을 꾸었는지 궁금해하였다. 시험이라는 것이 단순히 테스트의 개념도 있지만 시험 보기 전에 긴장이나 떨림 같은 것은 어쩌면 새로운 무언가를 시작할 때의 느낌과도 비슷한 것이다. 그래서 뭔가 새롭게 시작하려고 하는 것이 있는지를 물었더니 그렇다고 한다. 프로이트는 꿈을 무의식에 이르는 왕도라고 하였는데, 그 이유는 꿈을 분석함으로써 내담자의 무의식적 소망 등을 들여다볼 수 있기 때문일 것이다. 그런데 왜 꿈은 이해할 수 없는 내용들로 구성된 것일까? 그 이유는 무의식이 의식화되는 과정에서 의식의 검열을 피하기 위해서라고 설명한다.[5)]

5) 박소진(2018), 영화로 이해하는 심리상담, 박영스토리.

추상적 사고

머릿속 세상 중에 가장 독특한 장소. 몸이 선과 면으로 이루어진 2차원으로 바뀌고 급기야 모든 형태가 없어지게 되는 무시무시한 공간으로 묘사되고 있지만, 이런 추상적 사고가 존재한다는 것은 라일리가 사춘기에 접어들었음을 의미한다고도 볼 수 있다. 라일리의 나이를 고려할 때 피아제의 인지발달 단계 중 가장 마지막 단계인 형식적 조작 단계에 이르렀다는 것이고 추상은 '자유'와 '평화'와 같이 존재하되 그 실체를 구체적으로 보거나 만질 수 있는 구체물이 아니다. 이런 개념을 이해할 수 있게 되었다는 것은 그만큼 인지적 성숙을 달성했다고 보아도 될 것이다.

기억 쓰레기장

오래된 기억들이 버려지는 곳. 폐기된 기억은 영원히 사라진다. 이것은 '망각'의 개념으로 설명할 수 있다. 기억은 전술한 바와 같이 감각기억, 단기기억, 장기기억으로 나눌 수 있고 감각기억과 단기기억은 수 초에서 수 분이 지나면 사라져 버린다. 그리고 장기기억으로 넘어간 기억들은 거의 영구적으로 기억되는 것으로 알려져 있다. 그러나 장기기억으로 입력되기 전에 많은 기억들은 사라져 버리고 장기기억에 입력되었다고 하더라도 오랜 세월이 지나면 서서히 기억에서 사라지거나 희미해진다. 우리에게 망각은 재앙이 아닌

신이 준 일종의 선물일 수 있다. 모든 것을 다 기억한다면 뇌에 과부하가 걸릴 것이고 잊고 싶은 기억들, 불필요한 기억들은 지워버릴 수 있다면 지워버리는 것이 우리의 정신건강에 좋기 때문이다.

그렇다면 우리는 왜 감정을 느끼는 것일까? 그냥 아무 생각도 아무 감정도 느끼지 않고 살면 편하지 않을까?

정서나 감정은 진화적 관점에서 적응적 기능을 가지고 있으며 우리 선조들이 위협을 극복하여 생존하고 그들의 유전자를 후손들에게 전달하도록 도왔다는 의미에서 중요하다. 즉, 어떤 대상에 대해 갖는 정서나 감정은 우리에게 위험한 것과 그렇지 않은 것을 분별하고 이로운 것은 획득하고 그렇지 않는 것은 회피하게 함으로써 우리를 보호한다. 여기서는 정서와 감정 두 단어를 혼용하고자 한다.

정서emotion는 "외적 자극 사건에 대한 보편적이고 기능적인 반응으로서 현 상황에 대해 보편적이고 기능적인 반응으로서 현 상황에 대해 적합성을 증진하고 환경을 조형하는 반응을 촉진하기 위해 생리, 인지, 현상학적 양상 및 행동 경로들을 동시적으로 통합한다" Keltner & Shiota, 2003[6]. 정서와 비슷한 개념으로 정동과 기분이 있다.

6) Michelle N. Shiota/James W. Kalat(2015), 민경환 외, 정서 심리학, Cengage Learning.

정동affect는 주관적으로 느끼는 감정상태정서가 표현된 관찰 가능한 행동양식이고 기분mood는 광범위하고 지속되는 정서의 "기후"라고 한다면, 정동은 보다 변동이 있는 정서의 "날씨"라고 비유할 수 있다.[7] 따라서 정서를 단순한 주관적 느낌으로 치부해서는 안 된다. 정서는 우리 신체의 변화를 반영하고 환경에 대한 예측할 수 있는 반응이며 우리의 사고와 행동에 중요한 영향을 미친다.[8] 이런 정서를 <인사이드 아웃>에서는 5가지 감정을 의인화하여 기쁨이, 슬픔이, 버럭이, 까칠이, 소심이로 표현하였다.

○ 등장인물

- 라일리: "시시각각 변하는 기분! 내 머릿속에 무슨 변화가 생긴 걸까?"
  아이스 하키와 친구를 좋아하는 명랑 소녀이다. 아빠의 직장 때문에 11년 동안 살던 정든 고향을 떠나 낯선 샌프란시스코로 이사를

7) APA(2013), 권준수 외 공역, 정신질환의 진단 및 통계 편람, 학지사.
8) 박소진(2018), 나는 자발적 방콕주의를 선택했다, 마음의 숲.

가게 되면서 인생의 가장 큰 시련을 맞이하게 된다.

- 기쁨: '기쁨'은 '라일리'가 세상에 태어난 순간 첫 번째로 태어난 감정으로 그녀가 웃을 수 있는 일이라면 뭐든지 한다. 모든 감정들을 컨트롤 하려고 하고 조금이라도 라일리가 힘들거나 슬퍼하지 않도록 백방으로 노력하지만 어느 순간부터 자신의 한계를 느끼게 된다. 즉, 슬프고 힘들 때는 그대로 그 감정을 발산하는 것이 때로는 필요하다는 것을 슬픔이라는 감정을 통해 알게 된다.
- 슬픔: '라일리'를 행복하게 해주고 싶은 마음에 애쓰지만 오히려 일을 망치고 만다. 그렇다면 이 슬픔이라는 감정은 쓸모없는 것일까? 전술했듯이 감정은 우리가 보다 잘 적응하도록 진화되어 온 산물이다. 따라서 기쁨과 같은 긍정적 정서도 중요하지만 슬픔이나 공포, 분노와 같은 부정적 정서도 중요하다. 이들은 억제되어야하는 것이 아니라 건강하게 표출될 필요가 있다. 슬픔은 애착대상과 분리될 때 느끼는 것에서 출발하는데 사랑하는 사람으로부터의 분리는 고립과 거부 당했다는 느낌을 갖게 하는데 이런 감정은 타인과 관계를 맺도록 만드는데 기여할 수 있다. 또한, 슬픔

이라는 감정은 카타르시스를 느끼게 하는데 라일리가 힘들어할 때 그 슬픔을 같이 공감해 주는 것이 오히려 도움이 될 수 있다.

- 버럭(분노): 불 같은 성격의 소유자이다. 쉽게 과민 반응하며 무슨 일이든 일단 화부터 낸다. 분노는 원초적인 정서로 분노를 적절히 통제하지 못할 경우 문제가 발생할 수 있기 때문에 무조건적으로 억제하고 억압해야한다고 생각하는 경우가 많은데 원초적 분노 자체는 건강한 것이다. 그리고 감정이나 정서를 억압하고 억제한다고 해서 이 감정이 사라지는 것이 아니고 오히려 더 크게 폭발할 수 있다. 따라서 분노를 어떻게 다룰지를 학습하고 적절한 타이밍에 효과적으로 발산해야 하는지를 배울 필요가 있다.
- 까칠(짜증): 세상 모든 것이 불만이고 비협조적이다. 영화 ＜인사이드 아웃＞에서는 기본적인 4가지 감정 기쁨, 슬픔, 공포, 분노 외에 짜증까칠이라는 감정을 추가했는데, 추측컨대 라일리가 사춘기에 접어들면서 보여 주는 특성을 반영한 것이라고 할 수 있다. 사춘기에 접어들면 마치 다른 아이가 된 것처럼 반항적이고 까칠한 성격으로 바뀌는 경우를 종종 본다. 여러 원인이 있겠지만 자의식이나 자기 주관이 뚜렷해지면서 세상의 많은 것들을 이전과는 다르게 보기 시작했기 때문일 수 있다. 라일리도 아버지의 말에 갑자기 소리를 지르며 반항하는 모습을 보여 주는데 이 시기의 아이들은 부모와 분리되어 혼자만의 시간을 갖고 싶어하고 간섭받기 싫어하지만 한편으로는 독립에 대한 두려움이 공존하기 때문에 심리적 갈등 상황에 빠질 수 있다.

- 공포(불안): 소심은 공포나 불안을 표현한 것으로 보이는데, 소심이는 모든 위험은 일단 피하고 보는 안전 제일주의이다. 끊임없이 잠재적 재해를 감시하고, 위험 대비 리스트만 3천 가지가 넘는 사고 방지 지킴이다.

  공포는 생애초기에 발달하는데 심리적, 신체적 위험에 대한 경고 신호를 알려 주는 역할을 한다. 공포와 불안은 종종 비슷한 정서로 이해되는데, 공포는 즉각적인 위험에 대한 반응이고 불안은 앞으로 일어날 위험에 대한 반응라는 점에서 차이가 있다. 따라서 우리가 공포나 불안을 느끼는 것은 생존과 직결되는 문제라고 볼 수 있다.

상담을 하다보면 성인이 되어서도 자신의 감정을 제대로 느끼고 표현하는 것이 어려운 사람들을 많이 만나게 된다. 대개 어렸을 때 감정을 억압 또는 강요 당하거나 적절히 표현하지 못하는 환경에서 자란 경우가 많았다. 어떤 내담자는 자신이 겁을 먹거나 우는 경우에 부모가 화를 냈기 때문에 이런 감정을 감추어야 했다는 것이다. 그러나 이런 감정뿐 아니라 대부분의 감정들이 억압되었고 나이가 들어서 억압된 감정들은 '분노'로 표출되었다. 즉, 하나로 응축된 감정들이 어느 순간 분출되어서 감당이 되지 않는다는 이유로 상담실을 찾아 온 것이었다. 그 감정들을 하나하나 들여다보면서 그 감정이 어떤 것인지 말하도록 했더니 의외로 상당부분이 '슬픔'의 감정이었다. 한동안 내내 말을 하지 못하고 눈물을 흘리던 내담자는 그 다음에 더 이상 이전처럼 화가 나지 않는다면서 좋아했다. 감정은 감추거나 통제해야 할 대상이 아니라 적절히 표출해야 하는 것이고 이것이 우리의 신체적, 정신적 건강과 연결되어 있다는 것을 잊지 말아야 한다. 불쾌한 감정이 든다면 그것을 무시할 것이 아니라 그 이유를 곰곰이 따져볼 필요가 있다. 감정은 혹시 모를 위험 등을 감지하고 이를 알리는 신호일 수 있기 때문이다.

영화 ＜이퀼리브리엄＞[9]에서는 인간이 감정을 느끼는 것을 죄악시하고 감정을 느끼지 못하도록 예술 작품을 불태우고 감정을 느끼지 못하는 약을 먹도록 한다. 그럼에도 불구하고 감정을 느끼는 사람들을 처단하고 서로를 감시하도록 한다. 그러나 그렇게 사는 것은 지옥과 다름없다. 마치 음식은 먹되 맛은 느끼지 못하고 아파도 통증을 느끼지 못하도록 마비를 시켜 놓은 것과 같다고 할까. 인간이 인간답게 살기 위해서는 감정이라는 것이 얼마나 중요한 것인지를 이 영화에서는 역설적으로 표현하고 있다. 즉, 인간은 다양한 감정을 느끼고 이를 사회적으로 수용 가능한 형태로 적절히 표현하면서 살 때 자기 자신과 타인 모두가 행복해질 수 있다는 것이고 영

---

9) 이퀼리브리엄(2002) Equilibrium
(감독) 커트 위머
(주연) 크리스찬 베일, 테이 딕스, 에밀리 왓슨
제3차 대전 이후의 21세기 초, '리브리아'에서는 독재자의 통치하에 전 국민들이 '프로지움'이라는 약물에 의해 통제되고, 이 약물을 정기적으로 투약함으로서 온 국민들은 사랑, 증오, 분노 등의 어떤 감정도 느끼지 못한다. 그리고 이를 거부한 자들을 무참히 학살한다.

화 <인사이드 아웃>에서는 한 여자아이를 통해 감정이라는 것이 어떤 것이고 감정도 발달하며 성숙해 간다는 것을 보여 준다는 의미에서 가치가 있다고 볼 수 있다.

02

신과 함께 – 죄와 벌(2017)

Along With the Gods: The Two Worlds

"죄책감은 타고나는 것이 아니라 만들어지는 것이다."

신과 함께-죄와 벌(2017)

Along With the Gods: The Two Worlds

2017. 12. 20. 개봉
(감독) 김용화
(주연) 하정우, 차태현, 주지훈,
김향기, 김동욱, 마동석

등장인물

하정우(강림 역)

차태현(자홍 역)

주지훈(해원맥 역)

김향기(덕춘 역)

김동욱(수홍 역)

줄거리

최근 2편이 만들어져 또 다시 화제가 되고 있는 영화가 하나 있다. 바로 <신과 함께>이다. 현대적 감각에 의해 새롭게 창조된 저승 세계로 들어가 보자.

저승 법에 의하면 모든 인간은 사후 49일 동안 7번의 재판을 거쳐야만 한다. 살인, 나태, 거짓, 불의, 배신, 폭력, 천륜 7개의 지옥에서 7번의 재판을 무사히 통과한 망자만이 환생하여 새로운 삶을 시작할 수 있다. 오늘 무사히 죽음을 맞이한 김자홍이 있다.

그는 지옥의 재판을 통과하고 환생할 수 있을까?

화재 사고 현장에서 여자아이를 구하고 죽음을 맞이한 소방관 자홍 앞에 저승차사들이 나타난다. 자홍은 자신이 죽은 줄도 모르고 저승차사들의 모습을 보고 당황한다. 그리고 또 다른 차사 강림하정우/*차사는 염라대왕의 명령에 따라 죽음을 집행하는 집행관을 말함, 그는 차사들의 리더이자 앞으로 자홍이 겪어야 할 재판에서 변호를 맡은 일종의 변호사 같은 역할을 한다. 염라대왕에게 천년 동안 49명의 망자를 환생시키면 자신들 역시 인간으로 환생시켜 주겠다는 약속을 받은 세명의 차사들은 자신들이 변호하고 호위해야 하는 19년 만에 나타난 의로운 귀인 자홍의 환생을 확신하며 재판을 받기 위해 염라대왕을 만나기 위해 발길을 재촉한다. 그러나 예상하지 못한 일들이 발생하면서 차사들 간 갈등이 생겨나기 시작하는데, 과연 이들은 무사히 7개의 지옥을 통과할 수 있을까?

이 영화는 우리가 오래전부터 익숙하게 들어왔던 지옥, 염라대왕, 저승사자 등을 통해 사후 세계에 대해 설명하고 있으며 인간의 '죄와 벌'에 대한 이야기를 자칫 무겁고 어두울 수 있는 이야기를 현대적으로 코믹하게 풀어냈다는데 그 매력이 있다고 할 것이다.

예를 들어, 검은 상복에 검은 갓을 쓰고 얼굴은 창백한 모습의 무시무시한 저승사자의 모습에서 짧은 머리에 망토처럼 긴 외투자락을 휘날리는 멋진 모습의 차사의 모습으로 변신한다. 리더인 강림은 지성과 감성을 두루 갖추고 심지어 싸움도 잘한다. 그가 시공간을 추월하며 빠르게 이동하면서 바람을 일으키며 나타났다가 사라지는 장면들이 연출되면 저승사자가 저렇게 멋져도 되나 싶을 정도이다. 게다가 염라대왕은 또 어떤가? 긴 백발을 휘날리며 나타난 그의 모습은 노인이 아닌 젊은 미모의 사내이다.

〈저승차사〉

〈염라대왕〉

〈검사들〉

그리고 죄인들이 7개의 재판을 거치는 과정에서 이들을 기소하는 일종의 검사들이 보여 주는 코믹함과 이들을 심판하는 심판관들의 캐릭터들도 생동감이 있다.

그러나 이 영화는 삶과 죽음, 죽은자들의 세계, 그리고 죄책감에 대한 이야기라고 압축해서 이야기할 수 있을 것이다. 그래서 나는 이 영화를 보면서 마음 한 켠이 내내 불편했다. 그 이유는 지나칠 정도로 죄책감을 강요하고 있었기 때문이다.

심리학에서 보는 죽음의 개념

심리학적 상징적 견지에서 '죽음'이란 의식의 죽음, 구체적으로 의식적 자아의 죽음, 자아의식 기능의 정지상태를 말한다. 자아의 죽음은 임상적으로 심한 정신병에 비길만한 심각한 사건이다. 한국의 샤머니즘에서는 원시종족의 관념과 마찬가지로 죽음은 종말이 아니고 그 뒤에 길고 험한 여정이 기다리고 있다고 보았으며 그 끝에 극락과 이승으로 재탄생된다고 보았다. 한국의 샤머니즘에서는 죽은 자들을 모셔와서 감정적 응어리를 표현하고 잘 먹이는 것으로, 저승차사를 잘 대접하는 것을 중요하게 생각한다.

그리고 우리나라에서의 장례식을 보면 이런 일년의 행위들은 죽은 자들, 즉 망자들을 위한 것이면서 동시에 산 자들을 위한 것이기도 하다. 이렇게 삶과 죽음이 연결되어 있는 것인데, 우리의 장례식은 하나의 축제와도 같다.

심리학에서 죽음은 일종의 무의식의 세계를 의미한다고도 볼 수 있고 죽은 자와 산 자와의 교류를 의식과 무의식의 교류로 보기도 한다.

죽음 뒤에도 삶이 계속 이어진다는 불사의 생각은 대부분들의 사람들에게 인생이 현재를 넘어 무제한의 연속성을 지니고 있다는 것으로 사람들의 마음을 편안하게 해준다고 심리학자 융은 말한다. 심지어 사후의 삶을 생각하고 의견을 만들고자 하는 시도는 인간의 원초적인 욕구라고 주장한다.[10)]

심리학자 융의 주장처럼 죽은자들의 세계, 즉 사후세계에 대한 관심은 인간의 보편적이면서도 원초적인 욕구일 수는 있으나, 그 세계에 대한 관점이나 시각은 문화마다 조금씩은 다른 것 같다. 우리나라에서는 보다 처벌적인 것을 강조하는 것은 아닌가하는 생각이 든다. 최근 개봉된 <코코>[11]라는 영화는 멕시코를 배경으로 음악을 좋아하는 한 소년이 우연히 '죽은 자들의 세계'로 가게 되면서 겪는 일에 대한 만화 영화이다.

흥미롭게도 이 영화에서 보여지는 사후세계는 굉장히 밝고 화려하다. 물론 이 영화에서도 가족들이 자신을 기억하지 않고 사진을 걸어 주지 못하면 그곳에서 환영받지 못한다는 점, 후손들이 차려놓은 음식을 먹는다든지 등은 우리와 비슷한 점도 있기는 하지만, 전반적으로 이들의 사후세계는 어둡지만은 않다. 오히려 나는 이 장면을 보고 마음이 편해졌다. 죄를 지으면 그 죄가를 치러야하는

10) 이부영(2015), 한국의 샤머니즘과 분석심리학, 한길사.

11) 

코코(2017) Coco
(감독) 리 언크리치
(주연) 가엘 가르시아 베르날(헥터 역), 안소니 곤잘레스(미구엘 역), 벤자민 브랫(에르네스토 역), 레니 빅터(엘레나 할머니 역)
뮤지션을 꿈꾸는 소년 미구엘은 전설적인 가수 에르네스토의 기타에 손을 댔다 '죽은 자들의 세상'에 들어가게 된다. 그리고 그곳에서 만난 의문의 사나이 헥터와 함께 상상조차 못했던 모험을 시작하게 되는데… 과연 '죽은 자들의 세상'에 숨겨진 비밀은? 그리고 미구엘은 무사히 현실로 돌아올 수 있을까?

것은 당연하지만, 삶 이후의 처벌보다는 살아서 그 죄가를 치르도록 하는 것이 보다 합당하지 않을까 싶다.

영화 <신과 함께>에서는 극락세계에 대한 언급은 없고 '지옥'에서 사람들이 고통받는 장면이 주를 이룬다. 즉, 죄를 짓게 되면 지옥에서 고통을 받게되니 착하게 살아라라는 메시지를 주는 것인데 이런 사후세계를 강조하는 문화에서는 불가피하게 사람들에게 '죄책감'을 강조하는 경향이 있다.

죄책감에 대해

이 영화에서 주된 정서는 '죄책감'이다. 아버지는 돌아가시고 귀가 들리지 않는 엄마는 말을 할 수 없고 동생조차 병이든 상태에서 주인공은 심각한 갈등에 휩싸인다. 잠시 극단적인 생각을 했던 주인공은 집을 뛰쳐나와 이후 밤낮없이 일하면서 가족을 위한 삶을 살아간다. 어머니와 동생 또한 집을 나간 아들과 형에 대해 애틋한 감정을 가지면서 하루하루 살아간다. 죄책감이 죄책감을 낳는 악순환이 반복되는 것이다. 영화는 이것을 가족애로 미화하고 있지만, 행복은 누군가의 희생을 대가로 만들어지는 것이 아니다. 누군가의 일방적인 희생은 죄책감을 다시 양산하거나 희생의 강요는 분노를 유발한다.

죄책감은 우리가 일상생활을 통해 겪는 정상적인 경험 중의 하나이다. 죄를 짓거나 다른 사람에게 상처를 입혔을 때, 사회적 가치에 위배되는 행위를 했을 때 흔히 죄책감을 경험한다. 즉, 죄책감은 정신건강의 한 차원으로 이런 측면에서 볼 때 죄책감은 순기능을 담당하지만, 자기 비난이나 지나친 자기 학대로 흐를 경우에는 해로운 것으로 역기능적이라고 할 수 있다. 프로이트는 죄책감의 기원을 주로 초자아와 관련시켜 생각했다. 초자아는 4~5세경부터 발달하기 시작하는데 아이가 부모나 어른과의 관계에서 느끼는 유년기의 갈등을 통해 만들어진다. 부모나 어른과의 관계가 내재화되어 초자아가 되는 것으로 이것은 양심을 담고 있는 그릇이라고 할 수 있다. 초자아의 많은 부분은 무의식 속에 묻혀있고 이런 초자아에서 죄책감이 생겨난다고 보았다. 불안과 죄책감을 느낀다는 것은 사랑과 증오의 양가감정을 감당할 수 있다는 것을 의미하는 것으로 매우 건강하고 성숙한 능력이라고 할 수 있다. 그러나 어려서 부모의 양육방식이 비합리적이고 지나치게 엄할 때 그 어린이의 성격 내부의 초자아는 가학적인 것이 되고 매사 가혹한 초자아의 비난을 받게 되어 죄책감과 우울, 열등감에 빠져 살게 된다. 이런 사람은 일생동안을 자기 속에 가혹한 비판자인 부모와 사는 셈이 된다. 그래서 항상 비난을 받는 것처럼 위축되거나 완벽주의에 빠져 강박적이 될 수 있다. 이처럼 프로이트는 죄책감의 배후에 초자아의 가학성이 있다고 보았다. 건강한 초자아는 자아를 돕는 기능을 하지만 병리적인 초자아가 발달이 되면 자아를 적대시하게 되어 우울한 성격이 된다는 것이다.

위니캇의 경우 죄책감을 공격성의 발달과 관련되었다고 보았다. 아이의 공격성에 대해 주양육자가 잘 받아준다면 아이가 공격충동을 억압하지 않아도 되기 때문에 자신의 인격의 일부로 통합시켜나갈 수 있다는 것이다. 아이가 죄책감을 잘 발달시키기 위해서는 공격행동을 견뎌줌으로써 공격충동을 경험하고 표출할 수 있는 기회를 주면서 한편으로는 아이가 공격행동에 대한 화해의 제스처를 할 때 이를 또한 받아주고 용서해주어야만 자신의 일부로 통합을 시킬 수 있고, 이런 통합을 통해서 아이는 죄책감을 관심의 능력으로 발달시킬 수 있다는 것이다.

영화 <신과 함께>에서 주인공의 경우를 보자면 주인공이 어려서 부모로부터 엄격하게 통제된 환경에서 자랐는지는 알 수 없다. 다만, 어려운 환경 속에서 자랐고 자신의 충동이나 욕구를 잘 표현하고 해소하면서 살지는 못했을 것이라는 추측을 하게 된다. 즉, 프로이트나 위니캇의 이론에 근거해 본다면 그가 의사소통을 제대로 하지 못하는 부모아래서 맏아들로서의 지나친 책임감과 희생을 강요받으면서 자랐을 가능성이 크고 그런 그의 상황은 자신의 초자아를 지나치게 가학적으로 발달시켰거나 공격충동을 억제함으로써 죄책감을 발달시켰을 가능성을 배재하기는 어렵다.

그는 어머니와 남동생을 위해 15년간 낮에는 소방관으로, 밤에는 대리운전 등 각종 알바를 하며 가족을 위해 희생하며 철저히 그들의 행복을 위해 살아간다. 심지어 15년간 하루도 쉬지 않고 일을 한 것으로 나온다. 이 정도면 사고사가 아니라 과로로 먼저 죽었을 것이다. 그의 삶에 자신의 삶과 행복은 배제되어 있다. 과연 이런 삶이 건강하다고 할 수 있을까? 적어도 그는 행복하지 않았다. 불쌍하고 불행한 어머니와 어린 동생을 위한 삶이 있었을 뿐이다. 그런 그의 솔직한 심정은 차사들이 "환생하고 싶지 않냐"는 질문에 "싫다"라고 대답한 것으로 드러난다. 다시 태어나 가족들과 타인들만을 위해서 살아야 하는 고된 삶을 다시 살고 싶지 않다는 의미로 들린다. 그는 충분히 그동안 고생하며 살아온 삶을 끝을 내고 싶었으나, 어머니를 다시 만나야한다는 생각 때문에 환생을 하기로 결심한다.

죄책감은 도덕성과 연결되어 있다. 이 도덕성은 어떻게 발달하는가?

자기 통제 능력에서 출발하는 도덕성은 부모가 제공하는 행동의 표준과 한계를 내면화함으로써 발달한다. 정신분석 이론가들은 초자아의 발달과정을 도덕성 발달로 설명하는데 프로이트는 죄책감을 도덕적 행동의 유일한 동기 유발자라고 가정하였으나 호프만은 도덕적 행동의 주된 동기 유발자는 타인의 정서를 대리적으로 경험하는 감정 이입이라고 주장한다. 고통받는 타인과 감정 이입할 때 우리는 함께 고통을 느끼고 친사회적 행동을 할 수 있을 뿐 아니라 타인에게 해를 입히는 행동을 하지 않을 수 있다. 그러므로 감정 이입은 도덕적 행동을 유발하는 핵심적 정서상태이다. 콜버그는 아동의 도덕적 판단능력이 일정한 단계를 거쳐 발달한다는 피아제의 주장을 확장하여 도덕적 사고의 발달 단계를 기술하였다.[12] 그는 가상의 갈등상황을 제시하고 그 상황을 어떻게 판단하는지 여부에 따라 개인의 도덕성 발달 수준을 구분하였다.

당신에게 가족 중 한 명이 암에 걸려 죽어가고 있는데 그 가족을 살릴 수 있는 약이 있다. 그런데 그 약은 너무 비싸서 당신의 능력으로는 도저히 살 수가 없다. 그 약을 발명한 약사에게 가서 사정을 얘기하고 약을 외상으로 달라고 하였으나 약사는 거절한다. 당신은 어떻게 할 것인가? 이 상황은 콜버그가 제시한 하인쯔의 갈등상황이다. 하인쯔는 죽어가는 부인을 위해 약방에서 약을 훔친다. 이에 대해 어떤 판단을 하고 왜 그렇게 생각했는지 따라 그는 3수준 6단계로 도덕성의 수준을 평가할 수 있다.

12) 장휘숙(2016), 전생애 발달심리학, 박영사.

— 콜버그의 도덕성 발달의 수준과 단계

수준	단계	내용
수준1: 전 인습적 수준	1단계	보상을 받느냐 처벌을 받느냐를 기준으로 판단
	2단계	자신이나 사랑하는 사람을 만족시키고 이익이 되는지에 따라 판단
수준2: 인습적 수준	3단계	권위적 인물의 승인이나 불승인을 바탕으로 행동을 판단
	4단계	사회가 정한 법률이나 규칙을 지지하느냐 파괴하느냐에 따라 판단
수준3: 후 인습적 수준	5단계	개인의 권리를 존중하고 사회 계약을 유지하는 정도에 따라 행동을 판단
	6단계	시간과 문화를 초월하여 적용될 수 있는 보편적 원리를 바탕으로 행동을 판단

출처: 장휘숙(2016), 전생애 발달심리학, 박영사.

콜버그는 도덕 발달은 인습[13] 적 수준에서의 후인습적 수준의 판단에 이르는 것으로 보았는데 사회가 기대하는 규범이나 관습 혹은 법률에 대한 동조적 판단에서 벗어나 모든 인간에 공통적 권리, 정의, 가치 등을 고려하는 보편적 도덕 원리에 입각한 판단을 하는 것이라고 보았다.[14]

1수준인 전인습적 수준은 어린 연령의 아동으로 자기 중심적이고 쾌락주의적이며 다른 사람의 입장을 이해하지 못하고 자신의 욕구 충족에만 관심이 있다. 9세 이전의 아동이나 일부 청소년 그리고 성인 범죄자들이 이에 해당한다고 볼 수 있다.

13) 전부터 전해 내려오는 습속이나 습관으로 식탁 예절부터 의복, 머리 모양, 인사 예절, 성 역할 등에서 나타나는 그 사회 특유의 합의된 행동 규범.
14) 장휘숙(2016), 전생애 발달심리학, 박영사.

2수준인 인습적 수준에 도달해야 다른 사람의 입장을 이해하고, 도덕적 추론은 사회적 권위에 기초하면 보다 내면화된다. 대부분의 청년과 다수의 성인이 이 수준에 있고 영화 <신과 함께>에서 등장하는 지옥의 검사들은 대게 이 수준에서 자홍의 죄를 단죄하고자 한다. 예를 들면, 자홍도 저승에서 의인으로 인정받기 위해 7번의 재판을 받는 과정에서 그의 죄가 드러난다. 엄마를 죽이려고 하고 아픈 동생을 때리고 가출하여 15년간 가족과 단절한 채 살아왔던 것이다. 행위를 문제 삼으며 사회관습이나 법과 질서에 맞지 않음을 탓하며 죄를 묻는다. 이 사실만으로 보면 그는 죄를 저지른 나쁜 사람일 수 있다.

그러나 그의 이야기를 좀 더 깊고 세밀하게 들여다보면 그렇다고 말하기는 어렵다. 아버지의 갑작스러운 죽음은 온 가족에게 고통을 안겨 주었고, 맏이었던 자홍은 아픈 엄마와 동생을 고통스럽게 방치하는 것 보다는 같이 죽는 것이 낫다고 판단한 것이다. 그러나 결국 가족을 죽일 수 없었고 가족을 죽이려고 했다는 죄책감으로 가출 후 온갖 고생을 하면서 가족을 부양해 왔던 것이다. 그런 사실을 알게 된 염라대왕은 그의 죄를 묻지 않고 환생을 명한다. 즉, 보편적 도덕 원리에 입각한 판단을 한 것이라 볼 수 있다. 이는 콜버그의 도덕 발달 단계의 가장 마지막 단계인 후인습적 수준에 해당한다고 볼 수 있다.

콜버그의 도덕성 발달은 인지발달과 연결되어 있다. 마지막 단계에 이르려면 형식적, 조작적 사고가 가능해야만 한다. 그전의 인지발달 단계에 있는 사람은 이 단계의 도덕성을 획득하기 어렵다. 따라서 모든 사람이 이 단계의 도덕성을 획득하고 판단하고 행동할 것이라고 가정해서는 안된다.

전술한 바와 같이 건강한 죄책감과 도덕성은 인간에게 필수적인 것이라고 할 수 있다. 죄책감이나 도덕성 또는 양심이 결여되어 있는 사람들, 예를 들어 사이코패스나 반사회성 인격장애 같은 사람을 보면 이 죄책감과 도덕성이라는 것이 얼마나 중요한지 알게 될 것이다. 이런 죄책감과 도덕성은 어려서부터 부모가 아이를 얼마나 잘 양육하고 훈육하는가에 달려있다. 관심과 사랑이 기본이지만 때로는 엄격하게 아이를 교육해야하고 올바르게 사는 것이 어떤 것인지를 가르치고 모범이 되어 주어야한다는 것은 너무 상식적인 이야기이지만 중요하다. 특히, 도덕성이 발달하는 4~5세에 부모가 아이를 수용적이면서도 잘 통제하는 것이 필요한데, 이 시기는 분노발작tantrum이 일어나는 시기이기도 하다. 이런 분노발작이 일어났을 때 대부분의 부모들은 당황하면서 어떻게든 아이를 진정시키려 하지만 그러면 그럴수록 아이는 더욱 난리를 칠 것이다. 이럴 경우는 아이가 진정될 때까지 기다려주는 것이 필요하다이것은 행동수정에서 말하는 '소거'의 원리이다. 아이의 부적절한 행동에 반응을 주지 않는 것, 즉 보상을 주지 않는 것이 중요한데, 장소는 아이에게 안전한 공간이어야 한다. 아이는 충분히 분노를 폭발한 후 힘이 들면 잠시 숨을 고를 수 있다. 이때 부모나 선생님이 “아이고 잘했다. 그렇게 조용히 있으니 얼마나 좋으니”라며 강화를 해준다. 그렇다면 아이는 자신의 분노발작으로 인해 얻는 것은 없고 오히려 자신이 조용히 있으면 보상이 온다는 것을 알게 되기 때문에 이런 행동은 줄어들게 된다. 이렇게 자기통제가 가능해야 타인과 적절히 타협하는 방법을 배울 수 있다. 어린 연령에서 개입이 들어가지 않고 어느 정도 나이가 든 상태에서도 가끔 이런 분노발작을 보이거나 충동적으로 행동하는 경우가 있는데 어느 정도 연령이 된 아이들은 언어적인 설명만으로 어느 정도 타협이 가능하다. 자신의 행동에 대해 어떤 결과가 나올지를 설명해주는 것만으로도 효과를 볼 때가 많다. 중요한 것은 또래와의 주고받기를 통해 타인의 조망을 고려할 수 있도록 돕고 민주적 방식으로 규칙을 만들고 이를 지키도록 하는 훈련 등이 아이들의 도덕적 추론을 향상시킨다는 연구들이 있는데, 결국 아이들은 타인과 적절한 주고받기를 하고 규칙을 수용하고 지키는 것을 배움으로써 이런 도덕성을 향상시킬 수 있다고 볼 수 있다.

PART 03
친구가 필요해

01

우리들(2016)

The World of Us

나에게도 친구가 생겼다…"내 마음이 들리니"

우리들(2016) *The World of Us*

2016. 06. 16. 개봉
(감독) 윤가은
(주연) 최수인, 설혜인, 이서연, 강민준

베를린 영화제를 기점으로 캐나다, 이탈리아, 벨기에, 체코, 이스라엘, 폴란드 등 국제적 영화제에 초청되었고 베를린 영화제 제너레이션 경쟁 부문, 최우수 장편 데뷔작 부문에 노미네이트 되고, 이

후 100여 일간 8개 국제 영화제의 러브콜이 이어졌던 영화 한편을 소개하고자 한다. 바로 영화 <우리들>이다. 이 영화를 어린아이들이 나오는 다소 가벼운 영화로 치부해서는 큰코다친다. 내가 보기에 이 영화는 '왕따' 문제를 아이들의 시선으로 가장 정확하게 다루면서 진지한 고민을 던져 주는 작품이라 생각한다. 그리고 영화를 통해 왜 이런 상황이 벌어질 수밖에 없는지에 대해서도 반문하게 만든다. '진정한 친구란 무엇인지' '친구랑 사이좋게 지내라고 하면서 경쟁과 싸움을 부추기는 것은 오히려 어른들이 아닌지' 등에 대해서 말이다.

운동장(영화 첫 장면)

아이들이 학교 운동장에서 피구를 하고 있다. 초등학생으로 보이는 여자아이 선의 얼굴이 클로즈업 된다. 그리고 카메라는 줄곧 선을 비추고 아무도 선에게 관심을 보이지 않고 민망한 듯 시선을 이리저리 옮기다 점점 굳어져 가는 선의 표정이 적나라하게 드러난다. 그리고 잠시 후 누군가가 "너 금 밟았으니 나가!"라는 말에 선은 힘없이 뒤로 밀려나 버린다. 사실 금을 밟지도 않았지만 아무도 그것에 대해 이의를 제기하지 않는다. 심지어 선 자신조차도.

왜 이 장면이 첫 장면에 등장하는지는 영화 말미에 가면 알게 될 것이다.

방학식 날 선은 전학생 지아를 만난다. 둘은 서로에게 호감을 갖고 비밀을 나누며 여름 방학 내내 서로의 집에서 많은 시간을 보내게 되고 절친이 된다.

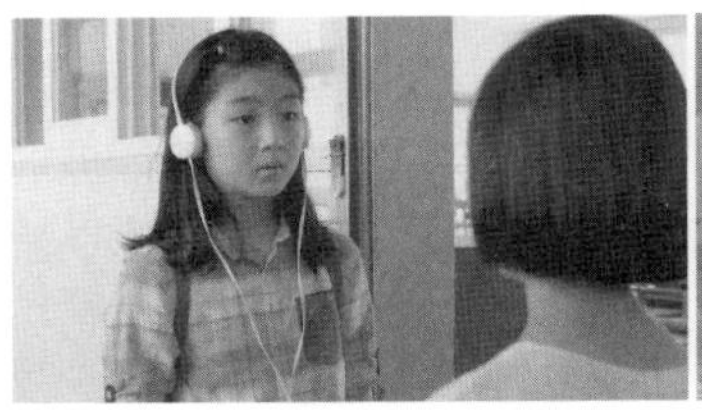

그러나 개학 후 학교에서 만난 지아는 어쩐 일인지 선을 외면한다. 선을 따돌리는 보라와 친하게 지내기 시작하면서 선에게 거리를 두는 지아에게 선은 어떻게든 다가가려고 하지만, 그러면 그럴수록 둘의 관계는 꼬이고 만다.

무엇이 문제였을까?

유복하게만 보였던 지아에게는 남모를 고민이 있다. 부모님의 이혼으로 엄마와 떨어져서 살고 있고 현재는 친할머니의 집에서 학교를 다니고 있다. 지아의 할머니는 엄마를 대신해 지아의 양육과 교육을 맡고 있는데 지아의 욕구와 관계없이 여기저기 학원에 보내려고 하고 지아는 힘들어한다. 지아는 선에게 학원을 같이 다니자고 하지만, 선은 가정형편이 어려워 학원에 갈 수 없어 답답하다. 그러던 어느 날 지아는 학원에 다니면서 선의 같은 반 친구인 보라와 친하게 지내게 되는데 보라는 선을 학교에서 왕따시키는 주범이다. 선과 지아가 친하게 지내는 것을 보라가 노골적으로 싫어하자 지아는 선에게 자신에게 귀찮게 굴지 말라면서 "그러니까 니가 친구가 없는 거야"라고 선을 모욕 준다. 선도 지아가 다른 학교에서 왕따였다는 것을 친구들 앞에서 말해 몸싸움까지 벌인다. 지아가 선을 멀리한 것은 선이 자신의 이야기를 친구들에게 했기 때문이었다는 것을 선은 나중에 알게 된다.

그렇게 두 사람의 관계는 서로에게 상처만 남기고 깨지는 것일까?

그러던 어느 날 선의 동생이 친구에게 맞고 들어온다. 선은 동생을 나무라며 말한다.

> 선: 너도 때려야지.
>
> 동생: 나도 때렸더니 걔가 나 또 때렸어.
>
> 선: 그러고 나서 어떻게 했어?
>
> 동생: 같이 놀았어.
>
> 선: 다시 때렸어야지!
>
> 그런데 의외의 답이 돌아온다.
>
> 동생: 그러면 언제 놀아? 나는 놀고 싶은데?

선은 말을 잃고 잠시 생각에 잠긴다. 선은 자신의 생각을 표현하고 주장하지 못하면서 한편으로는 자신도 모르게 어른들의 생각을 받아들이고 있었던 것이다. 흔히 어른들은 친구에게 맞고 오면 '너도 때리지 그랬냐'며 책망한다. 그러나 그것은 아이에게 바보같이 당하고 왔냐는 질책일 뿐 그 어떤 도움도 되지 않는다.

그리고 그 다음날 선은 여느 때와 다름없이 친구들과 피구를 하고 있다. 선은 아이들에게 투명인간 취급당하지만 이젠 익숙하다. 그런데 지아도 아이들에게서 배제되고 있었다. 여전히 두 사람은 불편한데 누군가가 지아에게 "야, 너 금 밟았어"라고 한다. 지아는 아니라고 하지만 아무도 편을 들어주지 않는다. 이 장면은 어쩐지 익숙하다. 영화의 첫 장면을 떠올리게 하기 때문인데, 이것은 감독의 의도적인 설정으로 보인다.

그때 선이 말한다. "금 안밟았어. 내가 봤어!" 이 한마디에 아이들은 마치 아무일도 없었다는 듯이 "금 안밟았데"하며 더 이상 문제삼지 않는다. 사실, 아무도 정확히 지아가 금을 밟았는지 보지 못했던 것이다. 선의 동생의 말 때문이었을까. 선은 지아에게 먼저 손을 내민다. 선은 짧은 시간 동안 조금 더 성숙해진 것 같다. 먼저 손을 내미는 것이 지는 것이 아니라는 것을 알게 되었기 때문이다.

주인공들에 대해 구체적으로 살펴보자.

등장인물

최수인(선 역)

설혜인(지아 역)

이서연(보라 역)

- 선: 초등학교 4학년 여자아이로 성격은 내성적이고 조용하며 평소 집안일도 잘 돕고 어린 동생윤도 잘 돌보는 착한 아이이다. 그런데 그것이 사실은 문제라면 문제라고 할 수 있다. 선의 부모님은 맞벌이를 하며 하루 하루 바쁘게 살아간다. 아버지는 종종 음주 문제를 일으키기도 하고 분식집을 하며 집안일을 하는 엄마는 늘 지쳐있다. 그나마 집에 돌아오면 동생만 챙기고 선이 무언가 얘기를 하려고 해도 동생과 잠들어 있는 경우가 대부분이다. 너무 빨리 철이 들어버렸다고 해야할지 선은 그런 상황을 받아들이고 자신의 욕구를 표현하거나 주장하지 않는다. 집에서조차 선은 주목받지 못하는 것이다. 이런 상황은 학교 상황에서도 그대로 재연된다. 부모에게 자신이 생각을 적절히 표현하지 못하고 거부당하거나 묵살당하는 것이 익숙해졌기 때문에 누군가가 비슷한 행동을 하더라도 이에 대해 적절히 반응하기 어려운 것이다. 그런 선을 같은 반 친구들도 본의 아니게 무시했을 수 있고 보라는 악이용하

여 상처를 준다. 그러던 선에게 지아의 등장은 너무나 반가웠을 것이고 지아와 관계를 유지하기 위해 노력한다. 그리고 급기야 싸움으로 번지지만 이것도 선의 입장에서는 자신의 생각을 표현하는 기회가 되었을 수 있다. 늘 참기만 하던 아이가 자신을 조롱하고 무시하는 친구들에게 하고 싶었던 말이었을 수 있다.

- 지아: 초등 4학년 여자아이로 전학생이고 부모의 이혼으로 현재는 할머니 집에서 살고 있다. 겉보기에는 부유한 것으로 보이고 공부도 잘하는 편이지만, 부모의 이혼을 숨기고 엄마가 통역사이고 영국에 있다며 거짓말을 하는데 이것이 사실이 아니라는 것이 알려지고 그 때문에 친구들로부터 외면 당한다.
- 보라: 선의 같은반 친구인 여자아이로 학급 내에서 아이들을 왕따시키는 주요한 역할을 하고 있다. 경쟁적이고 자신보다 다른 아이가 주목받는 것을 참지 못한다. 아마도 보라의 경우도 가정 내 의사소통이 원활하지 않을 것으로 보이며 대인관계를 권력관계로 보고 있고 착취적이다. 이로 미루어볼 때 부모의 양육 태도상에도 문제가 있을 것으로 추정된다.

생각해보면 내가 어렸을 때도 보이지 않게 친구들끼리 싸우면서 많은 것을 배웠던 기억이 난다. 한 친구는 평소 공부도 잘하고 잘 사는 친구와 사귀려고 나를 배신하고 그 친구에게 잘보이려고 했던 적이 있다. 그러나 친구라는 것이 그렇게 유지되는 것이 아니기에 오래 가지 않아 그 친구 욕을 하면서 다시 나에게 친구하자고 했지만,

나는 받아 주지 않았다. 어린 생각에 친구끼리도 지켜야 할 예의와 신뢰를 깼기 때문에 더 이상 친구를 할 수 없었던 것이다. 이런 경험들은 아프기도 하지만 아픈 만큼 성장한다고 하나씩 배워가면서 성숙하는 계기가 되기도 한다.

또래 관계가 중요한 이유

교우 관계 또는 또래 관계이하 '또래 관계'는 또래의 친구들과 맺는 관계를 말하며 (1) 개인 대 집단 차원과 (2) 일대일의 양자관계 차원이다. 개인 대 집단 차원은 집단 내에서 개인이 가지는 사회적 위치 및 인기도 등을 포함하며 '집단 내 수용'이라는 용어로 설명할 수 있고, 일대일의 양자관계 차원은 서로가 상대를 가장 친한 친구로 거명하거나 함께 있고 싶어하고 긍정적 상호작용을 보이는 '우정'을 의미한다.[1] 선의 경우는 아이들에게 인기도 없고 밥을 같이 먹을 친구도 없는 외톨이이다. 어떻게든 친구를 사귀어 보려고 보라를 대신해서 청소도 해주지만 그런 선을 보라는 이용만 할 뿐이다. 그러던 어느 날 선에게도 친구가 생긴 것이다. 그런 선은 엄마에게 자랑하지만 바쁜 엄마는 그냥 잠이 들어버린다.

아이들은 자신과 연령이 비슷한 또래와의 놀이를 통하여 아동의 인지적, 성격적 그리고 사회적 발달은 촉진되고 또래들은 부모와

1) 손숙자(2002), 일반 중학생과 왕따들의 특성 비교 연구 – 자아개념 및 교우 관계를 중심으로 – 연세대학교 교육대학원 상담심리 전공석사논문.

같이 강화자의 역할을 하는 동시에 모델의 역할도 한다. 아동은 또래의 인정을 받기 위하여 행동하며 또래의 행동을 관찰함으로써 많은 지식을 습득한다. 어린 아동들도 또래의 행동을 모방하여 친사회적 행동을 하기도 하고 공격적으로 행동하기도 한다. 또한 또래들은 아동의 준거 집단으로서 비교의 대상이 된다. 아동은 자신의 능력이나 홍미 혹은 기술을 또래들과 비교하여 평가한다.[2] 따라서 또래 관계와 그들과의 놀이는 아이들에게는 선택이 아닌 필수라고 할 수 있다. 또한 또래를 좋아하는 이유도 연령에 따라 변화하는데 황혜정(2002)에 의하면 유치원 아동들은 함께 놀이할 수 있는 친구를 좋아하고 초등학교 아동들은 공부나 운동을 잘하고 정직하며 착한 아동, 즉 도덕성이 강한 아동을 좋아하고 청소년들은 자신과 생각을 공유할 수 있고 믿을 수 있는 친구를 선호하는 것으로 나타났다. 영화 <우리들>에서 선과 선의 동생 윤의 경우를 보면 쉽게 이해가 간다. 윤은 그저 친구랑 놀고 싶다. 그래서 때리는 친구조차도 같이 놀자고 하지만 선의 경우는 여러 면에서 잘난 친구를 사귀고 싶다. 그러면서 점점 그 친구와 소통하고 자신의 생각을 공유하고자 한다. 이미 선은 아동기를 지나 청소년기로 향하고 있기 때문이다.

부모 역시 직간접적으로 아동의 또래 관계에 영향을 주는데 또래와 만날 수 있는 기회를 제공하고 잘 놀 수 있는 방법을 알려주기도 함으로써 아이가 또래와 불필요하게 싸우지 않고 친사회적으로 잘 지낼 수 있도록 돕는다. 그러나 부모와 아동과의 관계는 권위 있는

2) 장휘숙(2016), 전생애 발달심리학, 박영사.

인물과 관계를 맺는 것과 관련이 있고 또래 관계는 동등한 관계에서 상호작용이라는 점에서 차이가 있다. 최근 우리나라에서는 한 자녀만 낳는 경우가 많아 부모의 이런 역할은 좀 더 증가될 수밖에 없다. 형제가 있는 아이들보다 외동들이 또래 관계에서 어려움이 있을 가능성이 크다. 영화 <우리들>의 지아의 경우도 외동으로 자랐고 부모의 이혼으로 또래 관계에서 어려움을 겪고 있었다. 현 양육자인 할머니가 이런 지아가 학교생활에 잘 적응하고 또래 관계를 성공적으로 맺도록 조력하는데는 한계가 있다.

친구(우정)란 무엇인가?

우정이란 오랜 세월 가까이 사귀면서 친밀하고 밀접한 상호작용을 통해 서로를 믿고 이해하며 돕는 관계를 의미한다. 생각해보면 아주 어렸을 때부터 동네에서 놀던 친구가 있었고 학교에 가면 같이 밥먹고 숙제 하던 친구들이 있었다. 지금도 힘들거나 스트레스를 받으면 전화를 해 수다를 떠는 친구가 있는 걸 보면 친구란 정말 필요하고 중요한 존재가 아닐 수 없다.

이런 우정은 다음과 같은 기능을 한다.

(1) 친한 친구와 자신의 감정과 일상생활의 많은 것을 공유한다.

(2) 우정을 통해 사회적 개념과 사회적 기술을 학습함으로써 자기존중감을 높인다.

(3) 서로 동일한 가치나 태도 혹은 기대를 갖는다.

(4) 부모나 선생님에게 비밀로 하는 일도 친한 친구에게는 털어 놓을 수 있다.

— 셀만의 우정 발달의 단계

단계	연령	특징
1단계	6세 및 그 이하	• 우정은 신체적 혹은 지리적 요인에 기초한다. • 아동은 자아중심적이고 타인의 조망을 이해하지 못한다.
2단계	7~9세	• 우정은 상호성과 차인의 감정에 대한 인식에 기초한다. • 우정은 사회적 행동과 서로에 의한 평가에 기초한다.
3단계	9~12세	• 우정은 순수한 주고-받기에 기초한다. • 친구는 서로를 돕는 사람으로 생각된다. • 서로의 행동에 대한 상호적 평가가 이루어진다. • 신뢰성의 개념이 나타난다.
4단계	11~12세 및 그 이상	• 우정은 신뢰에 기초한, 안정되고 지속적인 관계로 인식된다. • 아동은 우정 관계를 3자적 조망에서 바라볼 수 있다.

출처: 장휘숙(2016), 전생애 발달심리학, 박영사.

또래로부터 거부당하는 아동들은 비행과 범죄, 학업실패, 정신적 문제 등 많은 부정적 결과를 초래한다. 한 연구에서 또래로부터 거부당하는 초등학교 학생들은 고독감과 사회적 불안을 경험하고 대인관계를 회피하는 경향을 나타내었다.[3] 이런 또래의 거부를 흔히 '왕따'라고 한다. 왕따는 일반적으로 '집단 따돌림', 'mobbing', 'bullying', '이지메' 등과 유사한 용어로 사용해 왔고 권준모1999는 "정기적으

3) 장휘숙(2016), 전생애 발달심리학, 박영사.

로 대면하는 집단의 학생들이 특정 학생에게 부정적인 명칭을 공개적으로 부과하며, 지속적이며 반복적으로 소속 집단에서 소외시키는 일련의 과정들이며, 힘의 불균형 상태에서 의도적인 신체적, 언어적 괴롭힘이 수반되는 행위들과 행위의 피해자"의 개념으로 정의한다.[4]

청소년들은 또래 관계를 통해 사회적 의사소통 기술과 갈등해결 방법 등을 배우게 되고 건강한 친구 관계는 외부세계의 스트레스에 대한 완충역할을 한다. 특히, 부모의 이혼이나 실업, 질병 등과 같은 가정 내의 스트레스를 경험하고 있는 아이라면 유사한 환경에 있는 친구로부터 지지를 받을 경우 적응하는데 상당한 도움을 받을 수 있다. 영화 <파수꾼>에서 주인공은 어머니가 돌아가신 후 친구들에게 상당히 심리적으로 의존하며 살아간다. 겉으로는 공격적이고 폭력적인 아이였지만, 내면은 외롭고 두려움이 많은 아이였다. 그런 이 아이를 곁에서 지켜주던 친구들이 하나둘 떠나가면서 결국 아이는 견디지 못하고 자살을 선택한다. 그러나 어떤 경우는 불우한 환경에도 불구하고 같은 처지의 친구들과 서로 지지하고 위로하면서 그 시간을 견디는 경우도 많다. 부모나 선생님이나 어른들에게는 이야기하더라도 수용되거나 공감받지 못할 이야기도 친구들은 비난하거나 판단하지 않고 들어주기 때문에 친구가 필요한 것이다.

---

4) 손숙자(2002), 일반 중학생과 왕따들의 특성 비교 연구 – 자아개념 및 교우관계를 중심으로 – 연세대학교 교육대학원 상담심리 전공석사논문.

또한 청소년기에는 또래의 영향이 보다 커지고 대부분의 시간을 학교나 학원 등에서 보내기 때문에 이런 사회적 관계로부터 고립될 경우 그 이후의 삶에 부정적인 결과와 연결된다. 영화 <싸움의 기술>에서 주인공은 공고를 다니면서 친구들로부터 끊임없이 구타와 폭행, 왕따를 당하지만 그 누구에게도 이야기하지 않는다. 그만큼 고립되어 있다는 이야기이다. 심지어 자신을 도운 친구마저 폭행 당해 심각한 상태에 빠진다. 또래로부터 수용되지 못하고 거부당한다는 것은 이들이 경험하고 있는 사회로부터 거부 당했다는 이야기이다. 이들은 외로움을 느끼고 우울증, 섭식장애, 자살 등의 극단적인 선택을 하기도 하고 그들의 일부는 비행이나 범죄를 저지를 수 있다. 그러나 또래로부터 수용받지 못하더라도 한 명의 친구라도 있다면 아이들은 적응적으로 지낼 수 있다. 영화 <우리들>에서 선은 지아가 자신과 똑같은 상황에 처했을 때 지아의 편을 들어줌으로써 지아가 친구들로부터 소외 당하지 않도록 돕는다. 영화 <싸움의 기술>에서 주인공은 자신을 대신해 싸워준 친구가 있었기에 비로소 용기를 내고 자신을 괴롭히는 친구들과 당당히 맞설 수 있게 된 것이다. 자신을 응원해 주고 지지해 줄 그 한 사람, 친구가 있다면 우리는 이 험난한 세상을 그런대로 참으며 견뎌낼 수 있다는 얘기이다.

이상에서 보듯이 청소년 시기에서 또래 관계는 중요한 위치를 차지하고 있다. 이 시기에 형성한 또래 관계는 이후에도 지속적으로 영향을 미치고, 긍정적 또래 관계가 성립되지 못했을 경우에는 여러 심리 사회적 부적응이 뒤따르지만, 그 영향이 미치는 정도는 개인이 속한 학교 단계와 성별에 따라 다르게 나타날 수 있다.[5] 최근 친구의 아이가 친구를 사귀지 못한다는 이야기를 들었다. 아이는 외동이었고 주변에 친척조차 없이 혼자 자랐다. 그래서 그런지 아이는 혼자 놀기를 좋아했고 다른 아이들과 어울리지 못했던 것으로 보인다. 게다가 엄마와 아빠가 모두 일을 하기 때문에 아이는 혼자 지내는 시간이 많을 수밖에 없었다. 어렸을 때는 시간이 지나면 나아지겠지 했지만 초등학생이 되어서는 상황이 더 나빠졌다. 이제는 아이들로부터 따돌림을 당하고 학교도 학원도 가기 싫어해서 집에 있는 날이 많아졌다는 것이다. 그래서 상담실을 다니고 있다는 얘기였다. 거리가 멀어서 직접적인 도움을 줄 수도 없는 상황이라 더욱 안타까웠다. 어른들은 흔히 아이들이 나이를 먹으면서 사회성이 좋아지리라는 기대를 하지만 타인과 상호작용하고 소통하는 것도 연습이 필요하다. 그런데 외동의 경우 형제자매가 없기 때문에 사회적 스킬을 연습할 기회가 없다. 또래와 잘 지내기 위해 참고 견디고 나누며 협상하는 기술을 습득하지 못한 채 유치원이나 학교에 가게 되면 당연히 이런 아이들은 아이들과 어떻게 어울려 놀아야야할지 모르고 따라서 소외될 가능성이 높다. 이럴 경우 주변에 같은 또래의 친구를 만들어주는 것도 도움이 될 수 있다. 한 두 명 정도로 부모들이 정기적으로 모임을 가지면서 아이들끼리도 자연스럽게

5) 손숙자(2002), 일반 중학생과 왕따들의 특성 비교 연구 – 자아개념 및 교우관계를 중심으로 - 연세대학교 교육대학원 상담심리 전공석사논문.

어울리게 만드는 것이다. 그럼에도 불구하고 아이가 여전히 또래 관계에서 어려움을 보인다면 전문적인 상담, 예를 들어 놀이상담이나 사회성 향상 프로그램 등에 참여하도록 하는 것이 도움이 될 것이다.

02

원더(2017)

Wonder

"넌 못생기지 않았어."

원더(2017) *Wonder*

2017. 12. 27. 개봉
(감독) 스티븐 크보스키
(주연) 제이콥 트렘블레이,
줄리아 로버츠,
오웬 윌슨

등장인물

제이콥 트렘블레이
(어기 풀먼 역)

줄리아 로버츠
(이사벨 풀먼 역)

오웬 윌슨
(네이트 풀먼 역)

- 어기: 트레처 콜린스 증후군이라는 희귀병을 앓고 있는 어기는 무려 23번의 수술을 하고도 꿋꿋이 이를 이겨낸다. 자신이 타인과 다르다는 점 때문에 세상과 벽을 쌓고 친구와 우정을 나누는 방법을 잘 알지 못한 채 소외되어 살아가다가 10살이 되어서야 비로소 학교에 가면서 친구를 사귀게 된다.
- 이사벨: 어기 엄마로 누구보다도 어기를 사랑하지만 아이가 보다 강해지도록 조력하는 따뜻하면서도 엄하기도 한 어기가 가장 사랑하는 사람이다.
- 네이트: 어기의 아빠로 어기와 친구처럼 지내면서 어기가 학교에 잘 적응할 수 있도록 돕는 자상한 아빠이다.

영화 <원더>는 2012년 미국에서 출간 이후, 뉴욕타임즈가 선정한 베스트셀러에 118주 동안 오르며 현재까지 전 세계 45개국에

출간되어 800만 이상의 독자들을 감동시킨 동명 소설 <원더>를 원작으로 하고 있다. 그래픽 디자이너로 일하는 R. J. 팔라시오가 작품 속 '어기'와 비슷한 여자아이를 아이스크림 가게 앞에서 만난 실제 경험을 바탕으로 완성시킨 이 놀라운 데뷔작은 이후 아마존 선정 이달의 책Amazon Best Books of the Month for Kids, February 2012, 북리스트 선정 2012년 최고의 아동 도서A Booklist Best of Children's Books, 2012 등에 오르며 출판계에 파란을 일으켰다. 국내에는 2012년 <아름다운 아이>로 출간, 곧바로 베스트셀러에 오르며 서울시 교육청과 전라북도 교육청 선정 추천도서를 비롯하여 각종 학회와 도서관, 단체 등에서 '반드시 읽어야 할 책'으로 선정되어 스테디셀러로 자리 잡았다. 남들과 다른 외모의 아이가 건네는 평범한 친절의 소중함과 그 소중함으로 변해가는 세상을 각각 등장인물의 입장에서 다룬 원작 <원더>는 넘치는 유쾌함과 누구라도 공감할 수밖에 없는 감동을 담은 영화로 완성되었다.출처: 다음 영화

왕따 당하는 우리 아이에게 당당하게 사는 법 가르치기

'어기제이콥 트렘블레이'는 트레처 콜린스 증후군 TCS [6]을 가지고 태

---

6) 트레처 콜린스 증후군(Treacher collins syndrome)의 증상과 심각도는 환자마다 매우 다르게 나타난다. 어떤 환자는 증상이 너무 경미해서 진단되지 않는다. 다른 환자들은 심각한 이상과 생명을 위협하는 호흡 합병증의 가능성을 가진다. 트레처 콜린스 증후군의 주된 증상은 머리 얼굴 부분의 독특한 기형, 눈 이상, 귀의 구조적 이상, 난청이다. 또한 증상은 좌우 대칭적이며, 출생 시부터 나타나고, 지능에는 거의 영향을 미치지 않는다. 광대뼈,

어나 남들과 다른 외모를 가지고 있다. 27번의 성형수술을 했음에도 어기의 얼굴은 보통 아이들과는 많이 다르다. 어기는 할로윈을 좋아하는데 자신의 얼굴을 가리고 다른 사람들과 자연스럽게 어울릴 수 있기 때문이다.

어기가 10살이 되자 엄마 '이사벨줄리아 로버츠'과 아빠 '네이트오웬 윌슨'는 더 이상 집에만 가두어서 키울 수 없다고 생각하고 학교에 보낼 준비를 한다.

과연 어기는 잘 적응할 수 있을까?

어기가 등교하던 첫날, 온 가족이 어기가 학교생활을 잘하기를 바라며 첫 등교를 응원한다. 학교에서도 어기를 위해 친구들을 소개하고 몇몇의 아이들에게 어기에게 학교를 소개해 주도록 하지만 그 아이들마저도 학교와 부

턱, 입, 귀, 눈에 나타난다. 이러한 증상과 신체적 특성은 개개인마다 다르게 나타난다고 할지라도 두개 안면 기형이 특징적으로 나타난다.

모가 시키니까 어쩔 수 없이 하는 것일 뿐 불편한 심기를 감추지 못한다.

예상대로 아이들은 어기를 이상하게 쳐다볼 뿐이다. 그리고 어기도 그들에게 먼저 손을 내밀지 않는다. 어쩌면 아이들의 눈에 비친 어기는 자신들과는 다른 존재로 여긴다는 것은 당연할지도 모른다. 그러나 시간이 지나면서 아이들은 어기가 해박한 지식을 갖고 있다는 것에 놀라고 점점 관심을 갖게 되고 드디어 어기에게도 친구가 생긴다.

그러나 친한 친구라고 생각했던 아이가 친구들과 자신에 대해서 이야기하는 것을 듣고 어기는 다시 상처 받는다. 그리고 다시 어기는 혼자가 된다. 이런 어기를 보는 부모의 마음은 안타깝기만 하다. 어기는 자신이 세상에서 혼자이고 가장 외롭고 힘들다고 생각하며 집에서 가족들에게 예민하게 군다. 그러나 이런 어기의 태도가 타인으로부터 자신을 더욱 격리시킨다는 것을 모른다. 어기는 자신이 특이병을 앓고 있기에 늘 집에서 특별 대우를 받았고 그래서 자신도 모르게 자기 중심적으로 생각하고 있었다. 그러나 그런 어기를 바라보는 어기의 누나도 마음이 편치 않다. 단지 자신이 아닌 어기가 장애를 가지고 태어났다는 이유로 자신의 부모의 관심 대상이 아니었던 점이 어기의 누나에게는 상처로 남아 있었다. 어기는 이런 사실을 깨닫고 스스로 자신의 세계를 깨고 나와야 하는 과제를 가지고 있었다.

어기의 부모는 어기를 묵묵히 지켜보며 격려해 준다. 친구들로부터 왕따를 당하는 어기가 "언제까지 참아야 되느냐?"라고 묻자 어기의 엄마는 "나도 모르겠다"라며 솔직히 말한다. 그러면서도 너는 절대 못생기지 않았고 잘 해낼 수 있는 아이라는 말을 해주며 어기의 마음을 어루만져준다. 그저 잘될거야. 친구들과 잘 지내기 위해 노력해봐 라는 말보다는 오히려 진정성 있게 다가왔다.

친구를 사귀는 것이 중요하기는 하지만 부모는 아동이 친구를 사귈 때 몇 가지 원칙을 정해 두어야 한다. 어느 정도 먼 거리에 있는 친구집을 방문할 것인지, 주로 어디에서 놀며 몇 시에 귀가할 것인지, 어떤 유형의 놀이나 활동을 허용할 것인지에 대한 원칙이 있어야 한다. 초등학교 아동들은 자기 통제력이 발달하는 과정에 있기 때문에 부모의 감독을 필요로 하므로 부모는 아동의 친구 사귐에 관심을 가져야 한다. 물론 부모의 지나친 간섭이나 과보호는 아동의 사회성 발달을 저해하고 또래 문화로부터 아동을 소외시킬 수 있다는 것을 명심할 필요가 있다.

초등학교 입학 이전의 아동들은 부모의 승인이나 인정을 중요시하는 반면, 초등학교 연령의 아동들은 또래 집단의 승인을 중요시한다. 또래 집단으로부터 승인을 얻고자 하는 아동의 욕구는 또래 집단에 대한 동조 경향성을 자극한다. 아동은 또래들이 수용하는 방식으로 옷을 입고 이야기하고 농담하며 또래의 사회적 행동에 기꺼이 동조하려는 경향이 나타난다. 초등학교 아동의 동조 경향성은 정상적이고 적응적이며 건강한 행동 형태이지만 극단적 동조는 아동을 스스로 결정할 수 없는 무력한 존재로 만든다. 동조성은 아동 초기에 증가하기 시작하여 청소년 초기 동안 절정에 이르고 그 이후부터 감소한다.[7)]

7) 장휘숙(2016), 전생애 발달심리학, 박영사.

집단 따돌림의 원인과 해결책

어기는 친구 중 한명으로부터 지속적인 괴롭힘을 당한다. 심지어는 어기에게 "니가 죽어버렸으면 좋겠다"라는 극단적인 메모를 남기기도 한다. 이런 행위는 일종의 학교 폭력에 해당한다.

학교 폭력법에는 학교 폭력의 유형을 크게 신체 폭력, 언어 폭력, 금품 갈취, 강요, 따돌림, 성폭력, 사이버 폭력 등으로 구분하고 있다. 집단 따돌림은 집단적으로 상대방을 의도적이고 반복적으로 피하는 행우, 지속적으로 싫어하는 말로 바보취급 등 놀리기, 빈정거림, 면박주기, 겁주는 행동, 골탕 먹이기, 비웃기, 다른 학생과 어울리지 못하게 하는 행위 등으로 규정할 수 있다. 요즘에는 직접적인 '왕따'보다는 '은따'가 유행이라는 말도 있다.

따돌림의 원인으로는 좌절과 공격성의 표출, 소속감의 욕구와 힘에 대한 욕구, 따돌림 경험에 대한 보복, 공감 능력의 부족 등이 있다. 청소년기의 정체감 형성 과정에서 경험할 수 있는 좌절은 공격행동이나 적대적인 행동을 유발하는데 이 경우 좌절을 유발하는 대상에게 직접적으로 공격을 함으로써 위험을 감수하기 보다는 희생양이 될 수 있는 약자를 찾아 분노를 표출하는 경우가 발생할 수 있다. 예를 들어, 일에 바빠 자신의 욕구를 제대로 충족시켜주시 못하는 부모에 대한 분노감을 수동적이고 약한 친구에게 분풀이하는 것이 그 대표적인 사례일 수 있다. 아이들은 처음에는 따돌림 행동에 동조하거나 방조하는데 이는 또래의 압력이 큰 힘을 발휘하는 청소년기에 섣불리 피해 학생을 돕다가 자신도 왕따를 당할 수도 있다는 두려움이 작용하고 있다. 또한 따돌림의 경험은 강렬한 복수심이 상대에 대한 분노를 정당화하기 때문에 죄책감을 덜어 주게 되고 공감 능력과 죄책감이 부족한 청소년들의 경우 동조 압력에 저항하기보다는 순응을 하기 때문에 집단 따돌림은 되풀이될 가능성이 높으며 최근에는 이 따돌림이 학교 외에 군대나 직장 등에서도 발생하고 있기 때문에 그 심각성이 중하다고 볼 수 있다.

이런 집단 따돌림을 예방하기 위해서는 가정과 학교 사회가 유기적으로 대처해야 하고 또래 관계를 중심으로 하는 구체적인 대책이 시급하며, 학교 상담실 활성화와 학교 내 대책협의체 등이 활성되어야 한다. 영화 <원더>에서는 어기를 괴롭히는 학생에 대해 학교 측에서 엄격한 징계를 하는 장면이 나온다. 이에 가해자 부모들은 강력하게 반발하지만 가해자 아동은 스스로 잘못을 인정하는 장면이 나온다. 그러나 우리나라에서는 실제 이런 일이 발생했을 때 문제를 확산시키지 않기 위해 조용히 넘어가는 경향이 있는 것으로 보이는데 이런 반응은 가해자와 피해자 모두에게 도움이 되지 않는다.

그리고 집단 따돌림이 발생한 이후에는 가해자와 피해자 모두에게 교육 및 상담이 필요한데, 상호 호혜적인 관계를 맺기 위한 사회성 향상 프로그램과 개인 상담 등이 필요하다.

집단 따돌림을 당한 경우 상당한 위축감과 우울감을 가질 수 있고 이후 대인관계나 사회생활에 지대한 영향을 미친다. 실제로 상담을 하다보면 어렸을 때 따돌림 당한 경험 때문에 성인이 된 이후에도 그

기억 때문에 괴로워하면서 여전히 대인관계 등에서 어려움을 겪고 있는 경우를 종종 보게 된다. 이들의 기억에 의하면 자신들이 따돌림을 당했을 때 부모들이 이를 몰랐거나, 이 사실을 안 이후에도 적절한 조치를 취해주지 않은 경우가 많았고 심지어는 왕따를 당한 것에 대해 바보같다고 하면서 자신의 편을 들어 주지 않은 것에 대한 분노감을 표현하는 경우가 많다. 가해자도 가해자이지만, 가장 가까운 가족마저 자신이 편이 아니라는 생각이 이들을 더욱 힘들게 만드는 것으로 보인다. 아이들이 왕따를 당했다면 가장 먼저 해 주어야 할 것은 위로와 공감이다. 가장 좋지 않은 것은 너도 맞았으니 같이 공격해라는 식으로 아이를 다그치고 몰아붙이는 행동이다. 이미 심리적으로 벼랑 끝에 서 있는 아이에게 같이 싸우라는 것은 더욱더 아이를 궁지로 모는 행동일 뿐이다. 아이에게 자신이 혼자가 아니라고 느끼도록 해주는 것이 필요하다. 그리고 이 아이들의 경우 사회 기술이 부족하거나 자기 주장을 제대로 하지 못하는 경우가 흔하기 때문에 이런 기술을 배우도록 하는 것이 필요하다.

우리 아이가 왕따?

영화에서처럼 아이들은 자신이 왕따를 당하고 있다는 사실을 알리기를 꺼려한다. 자존심 문제도 있고 알려봐야 도움이 안될 것이라는 식의 생각 때문인데, 말로는 표현하지는 못해도 행동은 거짓을 말하지 못하기 때문에 행동이 보이는 징후들을 잘 관찰해 볼 필요가 있다.

- 학교 가기를 거부하거나 친구들과 어울리기를 싫어한다.
- 표정이 어둡다.
- 수면 문제가 있다.
- 성적이 떨어졌다.
- 몸에 상처가 있다.
- 음식을 급하게 먹는다.

상담을 하다보면 사람들이 어렸을 때 자신이 왕따를 당했음을 고백하는 경우가 많다. 그리고 그들의 상당수는 그런 사실을 가족에게조차 알리지 않고 있다가 성인이 된 이후에야 비로소 고백을 하면서 그때 당시 자신이 얼마나 힘들었는지 토로한다. 대개는 부모가 바쁘거나 무관심하여 소통이 부재한 경우가 많았기에 스스로 입을 다문 것이다. 자신이 또래로부터 거부를 당하고 괴롭힘을 당했다는 사실을 누군가에게 말한다는 것은 용기가 필요하다. 스스로 인정하고 싶지 않는 불편한 사실이기 때문이고 말해봐야 무슨 소용이 있겠는가 하는 생각 때문에 침묵하게 되고 그래서 어른들은 모르게 집단따돌림과 괴롭힘은 더 악화될 수 있다.

이 영화에서 인상적이었던 것은 학교 측, 특히 교장 선생님의 단호한 태도였다. 아이들에게 중요한 것은 잘못한 것은 그것에 대한 대가가 분명히 있다는 것을 알려주고 바람직한 행동을 배우도록 가르치는 것이다. 어른들이 해야 할 역할은 아이가 잘못을 뉘우치고 이를 시정할 수 있는 기회를 주는 것이다. 그런 의미에서 영화 속 가해 부모는 아이를 잘못 인도하고 있는 것이다. 많은 경우 아이의 잘못을 덮어주면 아이가 알아서 뉘우치고 앞으로는 그렇게 하지 않을 것이라고 생각하지만 그렇지 않다. 잘못은 따끔하게 혼을 내면서 너의 행동이 잘못된 것이지 너를 미워하는 것이 아니다 라는 메시지를 주어야 한다.

03

싸움의 기술(2006)

The Art Of Fighting

"눈에는 눈 이에는 이, 당한만큼 되돌려 주마!"

싸움의 기술(2006) *The Art Of Fighting*

2006. 01. 05. 개봉
(감독) 신한솔
(주연) 백윤식, 재희

누군가가 나를 지속적으로 괴롭힌다면 이는 참기 어려울 것이다. 그래서 내가 무술의 고수가 되어 상대의 공격은 피하면서도 적절히 제압을 할 수 있다면 얼마나 좋을까 상상을 해보기도 한다.

만약 학교에서 같은 반 친구들로부터 온갖 괴롭힘과 갈취, 폭력을 당한다면 얼마나 괴로울까. 내가 힘을 길러 똑같이 때려 주고 싶지만 현실은 그렇지 못함에 좌절하게 되고 극단적인 선택을 하게 될 수도 있다. 그런데 싸움의 기술을 알려 주는 영화 한편이 있다. 바로 영화 <싸움의 기술>이다.

○ 등장인물

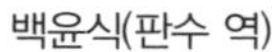

백윤식(판수 역)　　재희(송병태 역)

- 판수: 전설의 싸움 꾼. 싸움이라면 고수의 경지에 오른 싸움의 달인이지만 현재 경찰에 쫓기는 신세이다. 새로운 인생을 꿈꾸며 밀항을 시도하려는 와중에 병태를 만나게 되고 병태의 끈질긴 요구에 못이겨 병태에게 싸움의 기술을 전수하기에 이른다.
- 병태: 학교에서 약골로 통하면서 친구들에게 매일같이 괴롭힘을 당한다. 어떻게든 이런 괴롭힘으로부터 벗어나고자 노력하지만 노력할수록 상태는 더욱 악화된다. 그러던 중 싸움의 고수 판수를 만나면서 자신감을 갖게 된다.

줄거리

병태재희는 어렸을 때 어머니가 돌아가시고 홀아버지 아래서 자란다. 학업에도 별 뜻이 없어 공고로 전학온지 얼마 되지 않았는데, 그곳에서 같은 반 친구들에게 매일같이 구타당하고 괴롭힘을 당한다. 병태의 아버지는 경찰임에도 이런 사실을 전혀 알지 못한다. 물론 극중 병태 역의 재희는 키도 크고 몸도 큰육질이라 병약한 주인공에 적합하지 않을 수 있다. 그러나 싸움은 단지 체력 조건이 좋다고 해서 잘 하는 것은 아니다. 어떤 면에선 심리적인 측면이 더 중요할 수 있고 병태처럼 외톨이인 아이에겐 여러 아이들이 합세해서 괴롭힌다면 당해낼 재간이 없을 것이다.

병태는 어떻게든 이런 현실에서 벗어나고자 운동도 배우고 싸움의 기술을 연마하지만 막상 아이들 앞에서면 두려움이 앞선다. 그러던 어느날 우연히 일상이 되어버린 구타와 괴롭힘으로부터 병태를 구원해 줄 고수판수 – 백윤식를 만난다. 자신의 몸의 두 배가 되는 거구를 한 방에 쓰러트리는 이 고수에게 병태는 그 방법을 배우고 싶어 한다. 그러나 그는 병태를 쉽사리 받아 주지 않는다.

판수는 과연 병태에게 어떤 싸움의 기술을 가르쳐 줄까. 그러나 그의 입에서는 뜻밖의 이야기가 나온다.

"싸움은 X 같은 것. 하고 나면 후회하는 것. 가장 좋은 것은 싸우지 않고 이기는 거야!"

'살아가는 것' 그 자체가 싸움의 연속이다

그의 대답이 시시하게 들릴 수도 있지만, 그의 이야기에 해답이 있다. 우리가 물리적인 힘을 사용해 폭력을 쓰는 그런 싸움은 사회에서는 용인되지 않는 방식이다. 아이들은 싸우면서 큰다고 하지만 싸움이 과하면 곤란하다. 게다가 성인이 돼서 몸싸움을 벌이면 서로에게 큰 피해를 입힐 수 있기 때문에 나이가 들수록 우리는 몸싸움이 아닌 다른 형태로 싸우는 방법을 배워 나갈 필요가 있다.

얼마 전 직접 경험한 일이다. 길을 걷다가 누군가에게 급히 전화를 걸 일이 있어서 휴대 전화를 꺼내 전화를 걸려던 참이었다. 옆에는 차들이 지나가고 있었고 나는 차도 가까운 위치에 서 있었다. 그런데 누군가가 나를 차도 쪽으로 밀치는 것이었다. 그런데 생각보다 잘 버틴다고 생각했는지 힘을 더 주어 나를 밀쳐 내는 것이었다. 황당해서 나를 밀친 사람이 누구인지를 돌아보니 머리가 백발인 노인이었다. 너무 화가 나서 그 노인을 따라가려다 말았다. 상대는 노인이다. 아무리 내가 여자라고 해도 노인과 싸운다면 사람들은 나를 비난할 것이고… 이런저런 복잡한 생각이 나를 붙들었다. 요즘 사소한 다툼이나 시비가 범죄로 이어지는 경우를 종종 목격하는데 사실 힘으로 해결할 수 있는 일은 거의 없다. 그러므로 분노가 일지만 참아야했다.

그렇다면 판수의 말대로 어떻게 하면 우리는 심각한 몸싸움을 벌이지 않으면서 상대를 제압하거나 때론 타협하고 조화를 이루면서 살 수 있는지 그 효과적이면서 합리적인 방안을 강구할 필요가 있다.

먼저 싸움의 정의에 대해 살펴보자.

싸움의 사전적 정의는 '말이나 힘으로 이기기 위한 상대방과의 다툼'이다. 즉, 물리적인 힘뿐만 아니라 눈에는 보이지 않지만 사회 · 경제적인 힘으로 상대와 겨루는 것이며 말이나 언어적으로 다투는 것도 싸움의 일종이다. 단순한 말다툼에서 법적인 공방까지지도 언어적인 싸움에 해당될 수 있다. 시간이 지날수록 우리는 원초적인 힘언어적 · 신체적 · 물리적 폭력이 아닌 보다 합법적인 힘에 기대 싸우게 된다. 그러나 미성년인 청소년들의 경우 보다 원초적인 힘에 기댈 수밖에 없고 지나친 싸움은 학교 폭력[8]으로 이어질 수 있다. 이런 싸움은 공격성과 관련이 있다.

공격성의 발달

어린 연령에서는 두 가지 유형의 공격성이 나타난다. 즉, 도구적 공격성과 적대적 공격성이 나타난다. 전자는 아동 자신이 원하는 물건이나 특전을 가질 수 없을 때 그것을 방해하는 사람을 공격하는 행동에 해당하는 반면, 후자는 다른 사람을 해치려는 의도를 가지고 때리고 모욕을 주고 비밀을 누설하는 행동을 의미한다. 연령이 증가할수록 도구적 공격성은 점차 감소하나 적대적 공격성은 증가한다. 적대적 공격성은 다시 신체적 공격과 언어적 공격으로 구분될 수 있다. 공격성의 또 다른 유형으로 관계적 공격성이 있다. 관계적 공격성이란 특정한 개인에게 악의적 소문을 퍼트려서 다른 사람들이 그를 싫어하도록 만드는 행동으로 아동 중기부터 증가한다.

그렇다면 소년들이 소녀들보다 신체적으로 공격적인 이유는 무엇일까?

---

8) 학교 폭력은 학고 내외에서 학생을 대상으로 발생하는 상해 폭행, 감금, 협박, 약취 · 유인, 명예 훼손 · 모욕, 공갈, 강요 · 강제적 심부름 및 성폭력, 따돌림, 사이버 따돌림, 정보 통신망을 이용한 음란 · 폭력 정보 등에 의하여 신체 · 정신 또는 재산상의 피해를 수반하는 행위를 말한다(학교 폭력법 제2조 1).학교 폭력법에는 학교 폭력의 유형을 크게 신체 폭력, 언어 폭력, 금품 갈취, 강요, 따돌림, 성폭력, 사이버 폭력 등으로 구분하고 있다.

첫째, 남성 호르몬인 안드로겐이 높은 신체 비율의 신체 활동을 유발하고 이는 공격 행동의 기회를 증가시킨다.

둘째, 성 역할에 대한 인식이 소녀의 공격성은 감소키시지만 소년에게는 영향을 미치지 않고 남아를 여아보다 거칠게 다루는 부모의 훈육 방식이 소년의 공격성을 강화시킨다.

셋째, 남아들이 정서조절 능력이 낮기 때문에 여아들보다 더 많은 신체적 공격을 한다.[9]

이런 공격성은 부모의 훈육 방식에 영향을 많이 받는 것으로 알려져 있다. 가족 내에서 적대적 상호작용을 학습한 아동들은 세상을 폭력적으로 인식하고 공격적으로 성장할 수 있다. 그들은 적대적 의도가 없는 상황에서도 적대적으로 해석하기 때문에 정당한 이유없이 타인을 공격하는데 병태를 공격하는 반 친구들도 적대적 환경에서 자라난 아이들일 수 있고 이들은 자신들에게 조금이라도 거슬리는 행동을 하는 것을 참지 못하고 공격성을 표현한다고도 볼 수 있다.

전술했듯이 인생은 싸움의 연속이며 전쟁터와 같다고 말한다면 너무 가혹한 이야기처럼 들릴 수 있다. 그러나 생각해보면 평화라는 것은 거저 주어지는 것이 아닌, 스스로를 지킬 수 있는 힘을 갖추었을 때 가능한 것임을 감안할 때 인간관계도 이와 다르지 않다. 약자는 늘 강자에 의해 손해를 보기 마련이다.

그렇다면 병태는 왜 아이들에게 괴롭힘을 당하게 되었을까. 주인

9) 장휘숙(2016), 전생애 발달심리학, 박영사.

공 병태는 또래에 비해 병약한 것으로 묘사된다. 그렇기 때문에 남자 아이들의 거친 몸싸움에서 밀리기 마련이다. 그리고 성격적으로 내향적이고 위축되어 있다. 어려서 엄마가 돌아가시고 아버지와 단둘이 살면서 이 아이를 제대로 양육하고 훈육할 대상이 부재한 것이 또 다른 원인일 것이다. 주로 혼자 지내면서 타인과 소통하고 관계 맺는 것이 익숙하지 못했기 때문에 친구가 없다. 병태를 괴롭히는 아이들은 집단으로 몰려다니며 힘을 과시하고 이를 십분활용하지만 병태는 아무도 지지해 주거나 보호해 줄 사람이 없는 것이다. 심지어 형사인 아버지는 아이들에게는 병태를 괴롭히는 원인이 되기도 한다. 병태의 아버지가 자신을 소년원에 가두었다는 이유로. 그렇기 때문에 변변한 저항도 못하고 늘 온갖 괴롭힘과 폭행에 시달리면서도 도움조차 요청하지 못한다. 그러던 어느 날 전학생이 들어오고 이 둘은 예전 같은 반 친구로 다시 조우하게 되는데, 병태가 괴롭힘을 당하던 어느 날 이 친구의 도움을 받게 되지만, 병태를 도왔다는 이유로 친구는 중상을 입고 입원하게 되고 그 후 병태는 복수를 결심한다.

원초적인 공격성은 그 자체로는 건강한 것이다. 누군가가 나와 나의 가족이나 친구를 공격할 때 이를 적절히 방어하거나 피하지 못한다면 위험한 상황이 초래될 수 있다. 이럴 때는 교감신경계가 활성화된다. 'fight to fight' 반응을 보이는 상태로 위험을 감지했을 때 빨리 도망가거나 싸우거나 선택하게 되는데, 이 순간 인간은 초인적인 힘을 발휘하기도 한다. 그러니까 차에 깔린 아이를 엄마가 한 손으로 차를 들어 올리고 한 손으로는 아이를 꺼냈다는 말은 허언만은 아닌 것이다.

한번은 초등학교 때의 일인데 남동생이 나를 찾아왔다. 이런 사실을 모르고 있었는데 같은 반 남학생들이 남동생을 때리는 것을 목격하고 나는 반사적으로 뛰었다. 운동을 따로 배운 적도 없는데 몸을 날려 이단 옆차기로 남학생을 눕히자 옆에 서 있던 한 명은 겁에 질렸고 나한테 맞은 아이는 다리를 절며 도망갔다. 오래전 일이지만 지금도 생생하게 기억나는 것은 그때 내 몸이 내 몸이 아니었다는 것이다. 병태 또한 자신을 돕다가 중태에 빠진 친구를 위해 두려움을 극복하고 싸움을 준비한다. 약골 소년에서 진정한 남자로 태어나는 과정이라고 해야할 것이다. 물론 폭력을 정당화할 수는 없다. 어디까지나 방어 차원에서 필요한 것이다. 직접적인 복수보다는 누군가에게 도움을 요청하거나 했어야 했다. 그러기 위해서 학교나 사회 차원에서 이들을 보호하는 시스템이 제대로 작동해야 할 것이다. 그렇지 않는다면 미성숙한 아이들은 스스로를 보호하기 위해 위험을 감내해야만 한다. 예전에 한 청소년 내담자는 자신을 괴롭히는 아이들과 직접적으로 싸우지 않고 학교에 신고를 했더니 바로 조치를 취해 주었다는 말을 한다. 싸울 수도 있었지만 그 방법보단 합리적인 방법을 선택한 자신을 스스로 대견하게 생각하고 있었다.

그러나 병태의 스승인 판수는 자신의 말대로 선을 넘었다. 그는 오랜 세월을 통해 자신의 행동이 잘못 되었음을 알고 있었으나 이미 돌이킬 수 없는 상황이었다. 그는 현행법상 사회적 테두리 안에서 용납될 수 있는 한계를 넘어섰기 때문에 도망자 신세가 되었다.

피해자의 행동 특성

- 안색이 좋지 않고 평소보다 기운이 없으며 눈치를 자주 본다.
- 친구의 심부름을 자주하고 친구가 하라는대로 따른다. 친구가 비하하거나 욕을 해도 반발하지 않는다.
- 학습 내에서 발언을 하지 못하고 불안정안 인상을 준다. 수업 시간에 집중을 하지 못하고 멍하니 있거나 창밖을 자주 본다.
- 옷이 지저분하고 단추가 떨어져 있거나 구겨져 있다.
- 휴식, 점심 시간에 외톨이가 된다.

가해 청소년의 행동 특성

- 성격이 급하고 충동적이며 좌절, 장애 등을 참지 못하고 규칙을 잘 지키지 못한다.
- 중학교 성적이 갑자기 나빠지고 학교에 대해 부정적 태도가 심해진다.
- 하교 후 바로 귀가하지 않고 학교 주변에서 나쁜 친구들과 어울리고 절도, 강탈, 흡연, 음주 등 반사회적 활동에 참가한다.
- 다른 학생들을 힘과 위협으로 굴복시키거나 자기 주장을 강요하고 권력과 지배 욕구가 강하다.
- 다른 학생의 성장 환경에 적대감을 품고 어른들에게 자주 반대하고 공격적이다.
- 친구에게 물건이나 돈을 자주 빌린다. 가정형편에 비해 고급 옷을 입고 돈을 헤프게 쓰며 책가방을 들어주는 친구가 있다.

학교 폭력의 원인과 해결책

학교 폭력이 정서적, 심리적으로 미성숙한 청소년들 사이에서 발생하고 그러한 이유로 주변의 영향을 크게 받아 가해자가 되기도 한다. 따라서 학교 폭력이나 비행의 재발 방지를 위해 개별적인 심리치료가 필요하다.

정신분석 이론은 학교 폭력의 원인을 초자아가 적절하지 못하고 자아가 균형된 역할을 하지 못한 것에 비롯된 것으로, 부모의 그릇된 양육 태도로 자녀에 대한 적절한 조력이 부족했기 때문으로 본다. Adler는 비행은 열등감을 청소년이 과도하게 보상하기 위해 다른 사람의 주위를 자기에게 끌고자 하는 행동으로, 비행을 저지름으로써 자신의 존재감을 회복할 수 있다고 인식한다는 것이다. 또한 Reich는 애정에 기초하지 않은 부모의 모순된 양육 태도가 아동에게 극단적인 양가감정을 경험하게 하고 이로 인해 반사회적인 성격이 형성된다고 보았다.

또한 대개의 학교 폭력이 집단 차원에서 구조적으로 이루어진다는 점을 주목해야 하는데, 청소년들의 폭력 행동은 청소년기의 심리적, 사회적 특징인 힘과 인정, 소속에 대한 욕구를 충족시키고자 힘이 왜곡된 방법으로 나타난다. 청소년들은 자기보다 약한 타인에게 폭력을 행사함으로써 우월성을 지니려하고 또래 집단의 소속을 통해 자신의 존재감을 찾으려 하고 또래 집단의 가치를 중시하여 집단 행동에 동조한다. 이들은 존재 자체가 불안하고 미래에 대한 기대감이 없기 때문에 친구들과 어울리면서 분노나 스트레스를 해소하고 막연하게 쌓여있던 분노를 약자에게 표출하는 것이다. 이들은 폭력을 휘두르는데 끝나지 않고 이를 떠벌리고 서로 추켜세우고 승인하며 더 결속을 다진다. 그러니까 최근 일어난 십대 소녀들이 동영상을 찍고 SNS를 통해 이를 사람들에게 알리려는 심리는 이런 심리를 잘 대변해 준다.

학교 폭력 상담은 학교 내외에서 학생을 대상으로 발생한 다양한 유형의 학교 폭력에 대해 전문적 교육을 받은 상담자가 피해 학생의 보호와 치유, 가해 학생의 선도와 치유를 통해 피해 가해 학생 모두가 안정되고 정상적인 학교 생활을 할 수 있도록 도와주는 활동이다. 또한 학교 폭력의 또 다른 참가자인 주변 학생들이 학교 폭력에 대한 올바른 인식 확립과 잠재적 피해가해자가 될 위험 요소를 해소하고 피해 학생을 도와주는 예방 활동도 포함한다.

얼마 전 학교 폭력으로 문제가 돼서 상담을 받으러 온 중학생 남자아이가 있었다. 학교에서 아이들을 괴롭힌다는 이유로 전학을 오게 되었고 그 와중에 알고 지내던 친구의 집에 찾아가 아이를 때려서 경찰서로 신고가 들어온 것이었다. 상담을 하면서 그 이유를 물었으나 이 아이는 자신이 무엇을 잘못하였는지를 모르고 있었다. 그저 자신의 연락을 받지 않고 자신을 피한다는 이유로 친구의 집에 찾아갔고 친구가 때리라고 해서 때렸는데 뭐가 문제냐고 오히려 되묻는 것이었다. 이 아이의 경우 사회 인지가 부족하여 상호호혜적인 관계를 형성하는 것이 무엇인지 알지 못하고 있었다. 독자로 자라면서 모든 것이 자신의 중심으로 돌아가고 부모들이 아이를 적절히 교육하고 훈육하지 못한 것이 원인이었다. 따라서 타인의 입장에서 마음 읽기가 되지 않으니 배려라는 것을 할 수 없었던 것이다. 이런 경우 대인관계 향상을 위한 사회성 향상 프로그램에 참여하거나 사회 기술을 습득하도록 돕는 것이 필요할 수 있다. 그리고 학교와 또래 친구들, 선생님, 부모님, 사회 모두 관심을 가지고 참여할 때 아이들의 문제를 보다 잘 해결할 수 있다.

04

파수꾼(2011)

Bleak Night

"난 나를 이해해 줄 친구가 필요해."

파수꾼(2011) *Bleak Night*

2011. 03. 03. 개봉
(감독) 윤성현
(출연) 이제훈, 서준영, 박정민, 조성하
2010 부산 국제 영화제 뉴커런츠 부문 수상,
2011 로테르담 국제 영화제 경쟁 부문 진출,
29세 청년 감독이 만든 올해의 데뷔작

윤성현 감독은 서울예술대학 영화과와 한국영화아카데미에서 연출을 전공했다. 2008년 단편 영화 <아이들>로 국내외 유수의 영화제에 초청 및 수상을 통해 이미 그 저력을 인정받았다. 그가 각본, 연출을 비롯 편집까지 맡은 첫 장편데뷔작 영화 <파수꾼>은 한국 영화아카데미 장편 영화 제작연구과정3기을 통해 제작된 작품으로 2010년 부산 영화제 뉴커런츠상 수상 이후, 국내의 메이저 영화사로부터 수많은 러브콜을 받을 정도로 탄탄한 연출 실력을 인정받으며 상업 영화 시장으로의 진출을 눈앞에 두고 있는 놀라운 청년 감독이다.

지금껏 발견하지 못한, 전혀 다른 청춘 영화!

영화 <파수꾼>은 단연코 청춘 영화 또는 성장 영화라는 범주 안에 들어가겠지만, 이 영화는 10대 영화가 가지는 아주 일반적인 관습에서 벗어난 아주 다른 이야기를 하고 있다. 일반적으로 다루는 부모님과의 갈등, 학습과 이성, 그 외 호기심 어린 사건에 대한 집착과는 거리가 멀다. 오직 세 친구들의 관계에만 집중하지만 그렇다고 그들의 가까움도, 틀어짐도, 멀어짐도 명확하게 말하지 않는다. 그러지 않음으로 더욱 명확하게 그 상처와 오해를 드러낸다. 이는 한국 영화에서 쉽게 발견되지 않는 구조이며 상당히 세련되고 현대적 스토리텔링의 구현이라고 말할만한 정교한 화법이다. 이에, 감독은 "처음부터 의도했다. 마치 미스터리적으로 시작해서 사람들이 으레 생각하게 되는 전형적인 의식들을 깨고 싶었다. 관객들에게 아버지가 굉장한 진실을 알게 될 것이고, 과연 가해자가 누구인가라는 식의 생각으로 유도하고 싶었다. 가해자와 피해자를 이분법적으로 나누는 것이 얼마나 얄팍한 시선인지 역으로 보여 주고 싶었고 그걸 통해 관객들이 각 인물들에 집중하고, 가해자와 피해자를 찾으려는 의식에서 벗어나 이들 모두를 이해할 수 있었으면 좋겠다는 생각으로 이야기가 진행되길 바랬다"라고 신중하게 의도를 밝혔다.

'친구라는 이름 아래 자행된 폭력이 낳은 비극' 이라는 소재를 세심한 촬영과 편집으로 완성시킨 전혀 다른 청춘 영화의 탄생이다. 특히, 영화의 마지막 10분이 주는 그 가슴 먹먹하고도 현실과 판타지가 절묘하게 결합된 감정의 무중력 상태, 그 심장의 뻐근함은 진한 마력을 선사한다.출처: 다음 영화

◦ 등장인물

이제훈
(기태 역)

서준영
(동윤 역)

박정민
(희준 역)

조성하
(기태 아버지 역)

◦ 줄거리

한 소년이 죽었다.

소년기태은 자살이라는 극단적인 선택을 한 것이었다. 왜 그런 선택을 한 것일까. 갑작스러운 아들의 죽음을 전해들은 아버지조성하의 마음이 무너진다. 좀 더 살피지 못했다는 뒤늦은 후회와 죄책감을 갖고 아들이재훈의 죽음의 흔적을 묵묵히 따라간다.

그는 아들의 책상 서랍 안에서 소중하게 보관되어 있던 사진 속의 동윤서준영과 희준박정민을 발견하고 그들을 찾아가지만 희준은 전학을 갔고 동윤은 장례식장에 오지도 않았다는 것을 알게 되고 뭔가 이상하다라는 생각을 하게 된다.

그리고 간신히 찾아낸 희준은 '기태와 제일 친한 것은 동윤'이라는 말 이외에 자세한 대답은 회피한다. 아버지의 부탁으로 희준은 동윤을 찾아 나서지만, 희준은 학교를 자퇴하고 어디에 있는지 알 수 없다.

도대체 이들에게 무슨 일이 있었을까… 이런 의문으로부터 영화는 출발한다.

기태가 죽기 전 그들의 모습은 평범한 고등학생의 모습이었다. 서로 장난하고 몰래 담배를 피기도 하며 서로 주먹다짐을 하기도 하고 여학생들을 만나면서 수줍어하던 그들에게 무슨 일이 있었던 것일까. 왜 기태는 죽음을 선택할 수밖에 없었을까… 왜 내 아들이 그런 선택을 했을까… 기태의 아버지는 묵묵히 아들의 죽음의 원인을 밝히기 위해 아들의 행적을 따라간다. 일종의 심리부검[10]과 같은

10) 심리부검은 자살에 대해 포괄적인 정보를 수집하고 이를 토대로 자살의 원인에 대해 연구하는 방법으로 자살자의 가족 구성원, 친척, 친구, 직장 동료 등 면접을 통해 자살자에 대한 모든 활용가능한 정보를 수집한다. 심리부검은 사망의 종류, 즉 자연사인지, 사고사인지, 자살인지, 타살인지 여부를 결정하는데 도움을 준다.

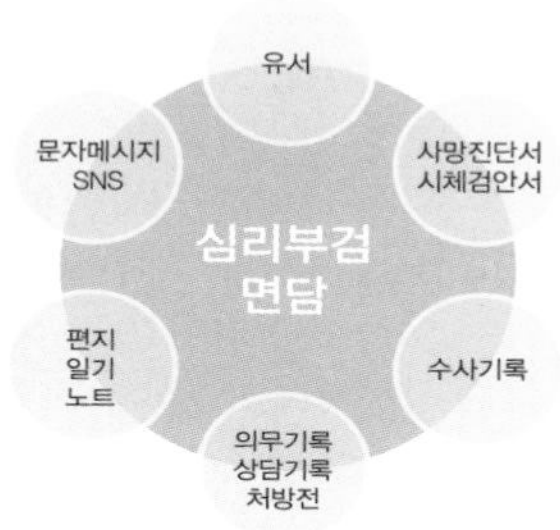

행위를 하게 된 것이다.

기태는 학교에서 짱으로 통한다. 싸움으로는 그를 이길 수 없기에 기태는 친구들의 리더로 또는 독재자로 군림한다. 그리고 그의 옆에는 늘 동윤이 있다. 어쩌면 유일하게 기태에게 친구로서 충고하고 동등하게 우정을 나눌 수 있는 기태가 인정하는 친구라고 할 수 있다. 그렇

• 심리부검(psychological autopsy)
- 자살 사망자 주변인의 진술과 기록을 통해 자살의 원인을 추정하는 절차
- 구조화된 기준에 따라 주요 정보 제공자와 면담을 시행하여 자살 사망자의 사망 전 심리 행동 양상 및 변화 상태에 대한 정보를 수집하고 검토

• 심리부검의 활용
- 법의학적인 조사
- 법률적 목적에의 활용
- 국가 차원의 자살 예방 정책 수립에 기여
- 유족의 건강한 애도 도움

• 심리부검의 현재

2015~2017년 3년간 심리부검 면담 결과
- 총 290례 356건 면담 시행, 289명 자살 사망자와 352명 자살 유족 자료 분석
- 남성 191명(66.1%), 여성 98명(33.9%)
- 40대 68명(23.5%), 50대 66명(22.8%), 30대 65명(22.5%) 순
- 자살 사망자 92.0%는 사망 전 경고 신호를 보인 것으로 파악
- 공통적으로 정신 건강 관련 문제, 가족 관련 스트레스 높으며, 생애주기별 자살에 영향을 미치는 스트레스 사건은 다양
- 자살 유족 88.4%는 사별 이후 일상생활 변화, 80.1% 우울감 경험

게 친구로 영원할 것만 같았던 그들에게 사소한 오해가 생기고 그들의 우정에도 금이 가기 시작한다. 희준이 좋아하던 여학생이 기태를 좋아한다는 사실을 알게 된 후로 희준의 태도가 달라지자 기태는 이를 참지 못하고 희준을 괴롭히기 시작한 것이다.

때로는 집착처럼 보이는 기태의 행동에 친구들은 점점 염증을 느끼게 되고 동윤마저 기태에게 등을 돌리자 기태는 무너져 버린다.

사실 기태는 어려서 엄마가 돌아가신 후 무심한 아버지 밑에서 자라면서 극심한 외로움을 느끼며 살아온 것으로 보인다. 그런 외로움을 달래 주었던 것은 다름 아닌 친구들이었다. 특히 동윤은 어려서부터 기태와 단짝 친구였다. 기태는 외로움을 극복하기 위해 힘을 길렀고 아이들을 힘으로 제압하면서 기태를 따르는 친구들이 생기게 되면서 자신만의 방식으로 친구들을 쥐락펴락하는 것에 만족을 느끼는 것으로 보인다. 그러나 타인과 소통하고 관계하는 방법을 제대로 배우지 못한 기태는 친구들에게 어느덧 불편한 존재가 되어버린다.

너무도 외로웠던 아이, 그러나 방법이 서툴

렀던 아이… 그래서 더 외로울 수밖에 없었던 아이…

뒤늦게 아들이 자살을 한 이유를 알게 된 아버지의 심정은 어땠을까. 기태의 아버지는 기태 친구들을 만나 이야기를 들으며 점점 아들의 죽음이 자신의 무관심에서 비롯된 것이라는 생각을 떨쳐 버리지 못했을 것이다. 아들의 외로움, 그 외로움을 함께 하지 못하고 미처 들여다보지 못했다는 죄책감… 영화를 보는 내내 시종일관 무겁게 짓누르는 분위기는 아마도 기태 아버지의 마음을 대변하는 것 같다.

기태가 죽고 나서 고통을 받은 것은 동윤도 마찬가지이다. 학교를 자퇴하고 집밖을 나서지 않은 채 죄책감과 괴로움으로 폐인처럼 하루하루를 살아간다. 비록 서로 간의 오해로 인해 주먹다짐을 하고 상처를 주고 받았지만, 기태가 죽을 것이라고는 생각하지 못했다. 기태가 죽기 전 마지막으로 동윤을 찾아와 사과를 하지만 동윤은 그런 기태를 냉정하게 밀어낸다. 세상에 기댈 곳이라고는 아무도 없는 기태에게 동윤의 태도는 절망 그 자체였을 것이다. 그리고 기태는 먼 곳으로 떠나버렸다.

동윤은 속으로 이렇게 되뇌이고 있을런지도 모른다. '그때 내가 조금만 기태를 이해하고 받아주었으면…' 그러나 동윤도 아직 나이 어린 소년에 불과했을 뿐이다.

그러면 친구들은 왜 기태를 외면할 수밖에 없었을까.

그의 대화법을 보면 기태가 얼마나 미성숙하고 충동적인지를 알 수 있다.

> 기태: 화풀어. 미안해…
>
> 희준: 됐어.
>
> 기태: 미안하다고…
>
> 희준: 알았다고…
>
> 기태: 야… 미안하다고 했잖아… 인상 안풀어?

이 영화는 얼핏 보면 학교 폭력을 다루고 있으면서 기태가 친구들을 괴롭히는 가해자로 비춰진다. 그러나 그 속내를 들춰 보면 기태는 실은 '왕따'였던 것이다. 겉으로는 기태가 힘이 세기 때문에 친구들은 드러내고 기태를 왕따시킬 수 없을 뿐이다. 즉, 왕따의 유형에는 여러 가지가 있는데 첫째, 혼자 잘난 체하고 남들과 어울리지 않는 아이들이나 선생에게 잘 보이려고 하는 아이들, 외모가 이상하거나 행동이 굼뜨거나 학습 능력이 떨어지고 답답한 아이들이다. 두 번째, 남을 괴롭히고 못된 짓을 하는 아이들인데 이러한 아이들은 힘이 세기 때문에 드러내 놓고 따돌리기는 쉽지 않으며 담임 교사에게도 알리지 못하는 경우가 많다. 셋째, 몸이 불편하거나 정상적이지 못한 아이들이다.[11] 기태는 두 번째에 속하며 자신이 어머니가 일찍 돌아가시고 가정 내에서 제대로 된 보살핌을 받지 못했다는 상처가 피해 의식으로 작용하면서 친구들의 의미없는 행동이나 사소한 말에도 상처받고 화를 내고 공격하는 행위를 하게 된 것이다.

그러면서 한편으로는 친구들에게 자신의 존재감을 드러내면서 친구들로부터 인정받고자하지만 그럴수록 아이들로부터 기태는 멀어지게 되는 악순환을 겪게 된다.

사실 친구들도 아버지도 기태의 죽음을 예상하지 못했을 것이다. 다른 사람들에게 기태의 죽음은 너무나도 의외의 결과였을지 모른다. 기태에게 괴롭힘을 당했던 친구들의 입장에서 기태의 죽음을 이해하기는 더욱더 어려울 수 있다. 영화 <파수꾼>은 학교 폭력의 가해자였지만 가장 힘들고 외로웠고 방법을 몰랐던 아이의 죽음에 대해 많은 것을 생각하게 만든다.

영화 속 인물인 기태처럼 청소년들의 자살은 청소년 사망의 제1원인이다. 아직 꽃피우지도 못한 인생을 스스로가 마감한다는 것은 그 개인과 가족 그리고 사회적 모두의 불행이다. 미성숙하고 충동적이기에 주변의 관심과 배려가 더욱 중요하다고 할 수 있는데 청소년 자살에 대해 살펴보면 다음과 같다.

11) 현원일(1999), 집단 따돌림 실태의 문제와 대안, 전국교직원노동조합 교육정책 토론회.

◎ 청소년 자살의 특징

- 통계청 보도 자료2016.9.27. '연령별 3대 사망 원인 구성비 및 사망률'에 따르면 10~19세에 해당하는 청소년의 제1 사망 원인이 자살로 나타남.
- 청소년의 자살은 사전 징후가 나타나는 성인과 달리 갑작스러운 스트레스를 이기지 못하고 충동적으로 발생하는 경향을 보이고 있다는 것이 특징
- 우리나라 청소년은 높은 학업 스트레스와 부모의 기대와 대인관계까지도 평가받는 경쟁적인 사회적 요구와 함께 자신의 인생과제를 잘 수행해내야 한다는 압박감으로 다양한 스트레스를 경험함. 정서적으로 불안정한 시기에 이러한 우리나라의 특성은 청소년 자살을 심각하게 급증하게 하는 원인으로 보고됨.

◎ 자살 위기에 이르기까지의 생활(가정, 학교, 기타) 및 요인

- 자녀의 자살 위험을 알리는 학교 및 기관을 기피하는 학부모
- 가정폭력, 아동학대를 비롯한 가정 내 지지체계 부재와 은폐
- 부모 및 주변 어른의 자살 및 자해 모델링
- 문제해결에 소극적이고 표현하지 않는 학생의 개인적인 성향
- 더 잃을 것이 없는 가정의 사회·경제적 지위와 환경적 여건
- 공부 외에는 인정받을 것이 없는 교육현실과 입시제도
- 지속적으로 원만하지 못한 교우 관계가 방아쇠 역할

자료: 이근영 외(2017), 경기도 학생자살 현황 및 정책분석, 경기도교육연구원.

영화 <파수꾼>에서 기태의 죽음의 결정적인 원인은 어머니의 부재와 아버지의 무관심이라고 할 수 있다. 이런 상황에 방치된 아이는 살기 위해서 자신의 곁에 친구들을 두려고 했고 끊임없이 그들의 관심과 충성도를 요구하고 확인하게 된 것이다. 그러나 친구란 동등한 관계이며 인간관계는 상호적이라는 것을 기태는 어려서부터 배우지 못했기 때문에 비극적인 결과를 맺게 된 것이다. 따라서 부모교육이 매우 중요하다 할 수 있는데, 즉 기태의 죽음 뒤에는 부모와의 소통의 부재 및 부모지지가 낮았고 가족 대신 믿고 의지했던 친구들이 하나둘 떠나면서 기태는 더 이상 기댈 어떤 것도 없다고 느끼게 된 것이라 할 수 있다.

따라서 청소년들이 극단적인 선택을 하지 않도록 미연에 예방하기 위해서는

첫째, 초·중·고 재학생과 학부모를 위한 생명존중 예방 교육의 보완 및 다양한 주제의 교육접근이 필요하다.

둘째, Wee클래스에 전문성을 가진 상담교사를 적극적으로 배치하고 추가적으로 전문 외래 상담사를 배치하여 상담인력을 강화하며 지역사회의 상담전문 기관과의 협력을 통한 상담의 전문성을 보완할 필요가 있다.

셋째, 중학생 이상의 청소년 자녀와의 원활한 의사소통을 위해서 부모는 적극적으로 부모교육 참가를 통해 자녀의 성장에 맞는 의사소통 방법과 자녀의 특징에 대해 이해할 필요가 있다. 이에 부모교육 개발에서 의사소통과 자녀 발달적 이해의 내용이 포함되어야 한다.

넷째, 고등학생에게는 교사지지가 중요한 시기이므로 고등학교 교사들을 대상으로 한 생명존중교육이 반드시 이루어져한다.[12)]

영화 <파수꾼>에서 기태의 아버지는 아들의 죽음을 막을 수는 없었지만, 아버지는 뒤늦게나마 아들을 이해할 수 있었을 것이다. 아들의 죽음을 따라 가는 아버지의 발걸음은 무거웠지만 그 한걸음 한걸음이 아들을 향해 있고 그 아들을 배웅하는 것 같은 느낌마저 주었다. 그리고 이 영화는 기태처럼 소외당하고 외로운 아이들에게 부모와 사회가 다각적인 방식으로 관심을 기울여야한다는 것을 다시금 깨닫게 해준다. 그리고 상처 받은 아이들은 다시 자신과 타인에게 상처를 돌려 줄 수 있기 때문에 이런 일들이 남의 일이 아닌 우리의 일이라는 점도 명심해야 하며 보다 많은 관심을 기울여야 한다.

12) 박제일(2018), 자살에 대한 청소년과 학부모의 인식과 자살예방교육, 자살예방학회 학술대회 발표자료.

PART 04

중독에 빠진 아이들

01 백설공주 살인사건

SNS 댓글로 남을 비난할 때 희열을 느껴!

02 바스켓볼 다이어리

마약으로부터 벗어나고 싶어!

03 디스커넥트

관계하고 싶으면 단절하라.

01

백설공주 살인사건(2015)

The Snow White Murder Case

"SNS 댓글로 남을 비난할 때 희열을 느껴!"

백설공주 살인사건(2015) *The Snow White Murder Case*

2015, 02. 12. 개봉
(감독) 나카무라 요시히로
(주연) 이노우에 마오,
아야노 고

요즘 각종 커뮤니티나 SNS에 사람들이 올리는 사진들을 보면 자신이 간 여행지 사진이나 맛집에서 찍은 사진 등이 주로 올라와 있다. 예전과 달리 타인의 삶을 자연스럽게 엿보게 되면서 자신의 삶과 끊임없이 비교하게 되는 아이러니 속에서 살고 있다. 사진 속의 삶이 그들의 삶의 전부가 아님에도 우리는 그들과 나의 삶이 얼마나 다른지, 내가 얼마나 그들보다 더 잘 사는지 아닌지에 따라 희희비비가 갈린다.

현대 사회는 '소비 사회'라고 불린다. 소비 사회는 소비의 균등화와 차별화를 동시에 추구한다. 물질적 풍요 속에서 대중의 소비 수준이 전반적으로 상승해 소비의 균등화가 이루어진 반면, '소비의 차별화'를 통해서 사회적 불평등과 차별을 심화하기도 한다. 그래서 보리야르[1]은 소비를 사회 전체를 균등화하기보다는 오히려 사회적 차별화를 심화하는 일종의 '계급 제도'라고 주장한다. 즉, 소비의 차별화는 새로운 상품화를 통한 이윤 추구의 기회를 제공하며, 부유층에게는 자신의 부를 과시하면서 차별화할 수 있는 상징을 제공한다는 것이다.[2] 그리고 미디어가 이런 측면을 더 부추기는 것은 사실이다.

따라서 타인과 자신을 비교할수록 자신의 삶이 점점 비참해 질 수밖에 없다. 특히, 자신보다 잘살고 성공한 듯 보이는 사람들을 볼 때 그러하다. 그러나 '다른 사람들'이란 얼마나 막연한 대상인가. 막연한 대상과 자신의 삶을 비교하면서 범하는 치명적인 오류는 타인의 삶이 어떤지 정확히 모르면서 그들의 삶이 자신의 삶보다 낫다고 규정하는 것이다. 불특정 다수의 삶이 자신보다 낫다고 무엇을 근거로 결론 내릴 수 있을까? 특히 그들이 SNS에 올리는 여행 사진이

1) 보리야르(1929), 프랑스의 포스트모더니스트 사회이론가, 저서로는 「소비의 사회」, 「시뮬라르크와 시뮬라시옹」 등이 있다.
2) 비판사회학회 엮음(2012), 사회학-비판적 사회읽기, 한울.

다른 사람들은 여행도 다니고 뭔가 나와는 다르게 즐겁고 행복한데 나만 왜? 라는 결론을 내리기에 충분한 근거일까?[3]

이렇게 SNS는 어느덧 우리의 일상에 친숙한 존재가 되면서 다양한 측면에서의 부작용이 발생하고 있다. 위에 언급한 것과 같이 자신과 타인의 삶을 근거없이 비교하면서 스스로의 삶을 비하하고 열등감에 빠지는 경우도 있고 다른 한편으로는 타인의 정보를 유출하거나 심지어 사생활 등을 노출시키는 경우도 늘어나고 있다. 또한 매일의 뉴스 등에서도 SNS에 올린 자극적인 글들이 회자되고 때로는 같은 사안을 두고 누리꾼들끼리 갑론을박을 하기도 한다. 최근 버스 기사가 아이를 그냥 내리게 하고 엄마는 내지지 못해서 아이가 위험에 처했다는 글이 SNS에 급속히 퍼졌고 모 버스의 기사는 여론의 뭇매를 맞았지만, 경찰 조사 결과 사실과 다른 부분이 많아 최초 유포자가 사과를 하는 해프닝이 있기도 했다.

중요한 것은 제대로 된 정보나 사실에 기초하지 않고 '~하더라' 라는 식의 무책임한 이야기들이 정확한 검증 없이 유포되는 것이다. 실제로 어떤 경우는 사건과 전혀 상관없는 사람이 가해자로 둔갑되어 사적인 정보가 유출되는 일도 심심치 않게 일어나고 있는데 이럴 경우 피해자는 고통을 호소하지만 정작 가해자는 없는 어처구니 없는 상황이 벌어진다는 것이다. 이런 내용을 소재로 한 영화가 있는데 바로 ＜백설공주 살인 사건＞이다. 이야기를 따라가 보자.

---

3) 박소진(2018), 나는 자발적 방콕주의를 선택했다, 마음의 숲.

등장인물

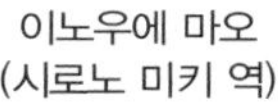

이노우에 마오
(시로노 미키 역)

아야노 고
(아카호시 유지 역)

아라이 나나오
(미키 노리코 역)

렌부츠 미사코
(카리노 리사코 역)

- 시로노 미키: 다른 사람을 배려하는 착하고 온순한 성품의 소유자. 왕따 당하는 친구를 도와주고 그 친구를 가장 예쁘다고 생각한다. 미키 노리코가 잠들어 있는 사이, 사람들이 누가 가장 예쁜지를 말하는데 시로노 미키는 자신의 친구가 가장 예쁘다고 한다. 이를 미키 노리코가 듣게 된다. 실은 미키 노리코는 잠든 척하고 있으면서 이를 듣고 있었다. 자신이 가장 예쁘다고 추앙받아야 한다고 믿는 미키 노리코는 시로노 미키가 좋아하는 모든 것을 빼앗게 되고 시로노 미키는 미키 노리코를 죽인 범인으로 몰리게 된다.
- 미키 노리코: 자타공인 미녀. 겉으로는 친절한 성품으로 보이지만, 자기애성 성격, 즉 흔히 말하는 공주병에 걸린 듯. 자신을 추앙하지 않는 사람들을 괴롭히고 착취한다. 특히 자신보다 다른 사람을 예쁘다고 말한 시로노 미키를 집중적으로 괴롭히다가 의문의 죽음을 당한다.

- 아카호시 유지: 방송사 계약직 직원으로 SNS에 빠져 있다. 미키 노리코의 죽음에 대한 제보를 듣고 사실 확인도 없이 자극적으로 이 내용을 유포하고 시로노 미키를 용의자로 몰고 가게 된다.
- 카리노 리사코: 미키 노리코를 죽인 실제 살인범. 자신의 범죄를 은폐하기 위해 시로노 미키를 범인으로 몰고 간다. 자신의 사소한 거짓말이 들킬 것을 두려워하여 미키 노리코를 살해했다는 것이 살인 동기로서는 다소 황당하다. 그리고 범행의 수법이 대단히 잔혹하다는 것에서 반사회성 인격장애가 의심되는 인물이다.

'백설공주가 죽었다'

백설공주라는 이름의 비누 회사에 미모의 여직원 미키 노리코가 있다. 모델같은 외모에 상냥함까지 갖춘 그녀는 모두의 흠모의 대상이었다.

마치 비누 회사의 마스코트와 같은 그녀는 군계일학이라고도 할 만큼 타의 추종을 불허하는 듯했다. 그녀와 그녀 옆에 서 있는 여직

원들이 흡사 동화 속 백설공주와 일곱 난쟁이를 연상하게 한다면 나만의 착각일까. 그런 그녀가 어느 날 잔인하게 살해된다. 범인은 수십 번 칼을 난자하고 나서도 분이 안 풀렸는지 그녀를 불에 태워버린다. 과연 그렇게까지 한 이유가 무엇이며, 그녀를 죽인 범인은 누구인가.

영화는 한 여성이 칼에 찔리고 불에 태워지는 장면에서 시작되고 누군가가 전화를 통해 이런 사실을 이야기한다. 범인은 아마도…

그녀는 침착하게 사건의 전모에 대해 조목조목 설명한다. 그녀는 백설공주 비누 회사의 신입 직원인 카리노 리사코이다. 그녀가 지목한 범인은 '시로노 미키'이다. 그녀의 설명인 즉, 시로노 미키는 자신이 좋아하던 남자친구를 빼앗긴 후 미키 노리코에게 원한을 품고 범행을 저질렀을 것이라는 것이다. 실제로 '시로노 미키'는 행적이 묘연한 상태라 모두 그녀의 행방을 추적 중이다.

카리노 리사코와 이야기를 하고 있는 남성은 모 TV 프로그램의 계약직 조연출이자 트위터리안인 '유지'이다. 대중의 홍미를 끌 수 있는 새로운 소재를 찾던 중 '백설공주' 비누 회사에 근무하는 미모

의 여직원의 사건 이후 갑자기 사라진 같은 회사 동료 '시로노 미키'를 범인으로 지목하는 정황과 인터뷰 내용을 자극적으로 편집한 방송을 내보내고, 그의 취재 내용은 순식간에 사람들의 관심을 끌게 된다. 그러던 중 어느 날 방송이 모두 거짓이라는 편지를 받게 되는데, 그 편지에는 시로노 미키가 절대 사람을 죽일 사람이 아니며 오히려 주변 사람들에게 한결같이 잘하는 착한 친구였다는 내용이었다. 무엇이 사실이고 과연 시로노 미키가 범인일지 아닐지 SNS에서도 공방이 벌어지는데 정작 당사자는 어디에서 무엇을 하고 있을까.

자신이 범인으로 의심받고 사람들로부터 관심의 대상이 되고 있다는 사실을 뉴스를 통해 알게 된 시로노 미키는 충격에 빠진다. 그저 자신이 좋아하는 뮤지션을 직접보고자 했을 뿐인데…

사실은 이렇다. 그녀는 미키 노리코에게 남자친구를 빼앗긴 후 깊은 실연의 상처를 받았지만 한 뮤지션의 노래를 듣고 힘을 얻게 되었고 이를 안 미키 노리코가 뮤지션의 콘서트 표를 주기로 약속한다. 그러나 노리코는 시로노 미키가 다른 사람들 앞에서 자신보다 다른 사람이 더 예쁘다라는 말에 분개하고 그 이후로 그녀가 좋아하는 모든 것을 빼앗아간다. 시로노 미키의 남자 친구도 그녀로부터 빼앗는 것이 목적이지 그를 좋아한 것이 아니었던 것이다. 늘 자신이 관심의 중심에 있어야만 하는 노리코에게 다른 사람과 비교를 당하고 그보다 자신이 못하다는 평가를 받아들이지 못하는 것이다. 이는 일종의 나르시즘, 즉 자기애성 성격장애[4]로 보여 지는데 지나치고 과대한 자기 과시와 타인으로부터 숭상 받고 특별한 존재로 인정받아야만 한다는 생각과 타인의 관심과 애정에 대해 지나치게 집착하는 것은 연극성히스테리성 성격장애[5]의 특성과 비슷한데 이러한 그녀의 특성이 그녀를 죽음에 이르게 한 것일 수 있다.

이쯤 되면 살인의 이유로는 충분한 것일 수 있겠다는 생각이 들지만, 그렇다고 시로노 미키가 정말 그녀를 죽인 살인범일지는 미지수이다. 그녀는 마음이 따뜻하고 다른 사람을 배려하는 성격의 소유자이다. 학창 시절에도 왕따를 당하는 친구를 위로해 주고 그녀의 친구가 되어준 그녀가 이런 이유로 살인을 했을 리가 없다. 그러나 사람들은 그녀의 이야기보다는 '미모의 여성이 다른 여성의 질투로 죽임을 당했을 것'이라는 자극적인 이야기에 보다 흥미를 보인다. 그리고 방송과 인터넷 매체는 이를 이용해 이야기를 조작하고 부풀리기에 여념이 없다. 한 사람의 인생이 망가지든 말든 사실이

4) 과대성, 숭배에의 요구, 감정이입의 부족하며 청년기에 시작. 자신의 중요성에 대한 과도한 느낌, 성공, 권력, 명석함, 아름다움, 이상적인 사랑과 같은 공상에 몰두하며 과도한 숭배를 요구하며 대인관계에서 착취적이고 감정이입의 결여되어 있고 다른 사람을 자주 부러워하거나 다른 사람이 자신을 시기하고 있다는 믿음, 오만하고 건방진 행동이나 태도 등으로 설명된다.

5) 과도한 감정성과 주의를 끌기 위한 광범위한 형태로 나타나는데 이는 성인기 초기에 시작. 자신이 관심의 중심에 있지 않은 상황을 불편해 하고 다른 사람과의 관계 행동이 자주 외모나 행동에서 부적절하게 성적, 유혹적 자극적임. 감정이 빠른 속도록 변화하고 피상적이며 자신에게 관심을 집중시키기 위해 지속적으로 외모를 이용하고 자기극화, 연극성 그리고 과장된 감정의 표현 등으로 설명된다.

뭐든 관심이 없는 것 같다.

아름다운 외모의 노리코가 살해됐다! 공주를 죽인 마녀를 찾아 처단하라!!

이 영화는 처음에는 백설공주의 미모를 시기하여 공주를 죽이고자 했던 백설공주와 일곱 난쟁이라는 동화를 연상하게 하지만, 내용을 들여다 보면 방송과 인터넷 매체와 SNS가 얼마든지 자신의 입맛대로 사건을 조작할 수 있다는 것을 보여 준다. 그들은 진짜 사실이 아니라 그저 마녀사냥 하듯 희생자가 필요한 것인지도 모른다. 과거 15~18세기 유럽에서 광범위하게 마녀사냥이 진행되었을 때 희생자들은 대부분 나이 많은 여성들이거나 특수한 능력을 지닌 사람들, 사회적 권위에 도전하는 사람들이었다. 어떤 이들은 이때 희생당한 사람들 대부분이 여성이라는 점에 주목하여 여성혐오 또는 성의 문제로 바라보기도 한다. 그렇다면 왜 사람들은 이렇게 무차별적으로 누군가를 공격하는 것일까? 특히 요즘에는 SNS를 통해 누군가의 정보가 낱낱이 까발려 지고 이로 인해 심각한 고통을 받기도 하며 이유없이 악플에 시달려 극단적인 선택을 하는 경우도 종종 발생하고 있다. 이는 일종의 언어 폭력이며 사이버 폭력에 해당한다고 할 수 있다.

특히, 사이버 폭력은 익명성에 기대어 자신의 공격성을 가감없이 드러내기 때문에 당하는 사람 입장에서는 엄청난 충격을 받게 된다. 사람들은 정보를 퍼 나르면서 자신이 굉장히 중요하고 다른 사람이 모르는 것을 알고 있다는 것을 은근히 과시하기도 한다. 이는 인간이 사회적 존재로서 살아가기 위해 기본적으로 정보를 공유해야만 하기 때문이다. 그리고 한편으로 좋은 정보보다는 나쁜 정보가 훨씬 더 빠르게 퍼지는 이유는 우리에게 위해가 될 만한 정보는 보다 신속히 알려질 필요가 있었기 때문일 것이다. 가령 전염병이 돈다든지와 같은 정보 말이다. 그러나 사회가 발달하면서 이런 순기능은 줄어들고 오히려 변질이 되어 서로를 공격하는 수단이 되어간다는 것은 우려할 일이다. 더욱이 청소년들 사이에서 이런 사이버 폭력이 증가하고 있는 추세라는 것에 각별한 관심을 가질 필요가 있다.

청소년 사이버 폭력

사이버 폭력이란 컴퓨터나 스마트폰 등 인터넷 사용이 가능한 사이버 공간 안에서 이루어지는 폭력 행위로 사이버 폭력은 다음과 같은 행위를 포함한다. 특정인에 대해 모욕적 언사나 욕설 등을 인터넷 게시판, 채팅, 카페 등에 올리는 행위, 특정인에 대한 저급한 글을 올리는 행위, 특정인에 대해 허위 글이나 개인의 사생활에 관한 사실을 인터넷, SNS 등을 통해 불특정 다수에 공개하는 행위, 성적 수치심을 주거나 위협하는 내용 및 조롱하는 글, 그림, 영상, 동영상 등을 정보 통신망을 통해 유포하는 행위, 공포심이나 불안감을 유발하는 문자, 음향, 영상 등을 휴대 전화 등 정보 통신망을 통해 반복적으로 보내는 행위 등이고 2010년 이후 학생들의 스마트폰, 인터넷 등 정보 통신 기기의 사용이 일상화되면서 사이버 따돌림이 학교 폭력의 새로운 문제 유형으로 심각하게 인식되어 학교 폭력법에 사이버 따돌림 조항을 추가하였다.[6)]

손민지2013 등에 의하면 청소년들은 인터넷상에 '왕따 카페'를 만들어 특정인을 두고 욕설이나 비방 행위를 하며, 모바일 메신저를 통해 지속적으로 협박하고 있는데 기존 오프라인에서 발생하는 학교 폭력은 신체적 폭행이나 협박과 같이 외부에 드러나기 쉬운 형태였던 반면, 사이버 폭력은 피해 학생이 피해를 당한 증거가 휴대 전화에만 담겨 있어 어떤 피해를 당하는지 외부에서는 볼 수 없고 시간이나 공간의 제약이 없이 괴롭힘을 당할 수 있다. 또한 상처받기 쉬운 청소년이라는 점에 있어 그 위험이나 피해 정도가 크다.

전국 학교 폭력 실태 조사청소년폭력예방재단, 2013에 따르면 집단 따돌림, 신체 폭력 다음으로 언어 폭력이 학교 폭력 중 높은 비중을 차지하였다. 1차 학교 폭력 실태 조사교육부, 2014에서도 사이버 괴롭힘이 다섯 번째로 높은 비중을 차지해 현재 청소년의 언어 폭력과 사이버 폭력이 점차 증가하고 있음을 알 수 있다. 특히, 청소년의 스마트폰 사용이 보편화됨에 따라 사이버 폭력 행위가 학교 내에서 뿐 아니라 학교 밖까지 이어지고 있어 피해 학생의 고통이 더욱 가중되고 있는 상황이다. 필자도 실제로 이런 사이버 폭력을 당하는 아이

6) 김희대(2016), 학교 폭력 예방의 이론과 실제, 박영스토리.

를 상담한 경험이 있는데 상담을 받는 와중에도 수십 통의 문자가 와서 상담을 하기가 불가능할 정도였다. 아이는 이제 만성화되어서 상관없다고 하였으나 보는 사람이 화가 날 지경이었다.

청소년은 가족과 학교, 친구 집단, 지역사회 등 여러 가지 환경에 영향을 받는데 특히 가정 환경이 중요하다고 할 수 있다. 건강하지 못한 가정 환경을 학교 폭력의 위험 요인으로 지적하였다. 가정은 개인의 성격과 행동 유형을 형성함에 있어 매우 큰 영향을 미치는 사회단위로 가족 안에서 구성원 간의 사랑과 신뢰를 기초로 인간에게 가장 중요한 행동 지침을 교육하며 정서를 안정시키는 역할을 한다. 특히 청소년의 인격 형성에 있어 가정의 역할은 결정적이라고 볼 수 있다.

사이버 폭력 예방법 교육하기

아이들은 자신이 한 행위에 대해 어떤 일이 일어날지 어떤 처벌을 받게 되는지3년 이하의 징역이나 금고 또는 2천만 원 이하의 벌금. 허위사실 유포 시에는 7년 이하의 징역 또는 5천만 원 이하의 벌금에 처해짐 알지 못하고 충동적으로 행동할 수 있다. 따라서 사이버 폭력이 무엇인지 어떤 처벌을 받는지에 대해서도 정확하게 알려주는 것이 필요하다. 그리고 이런 사이버 폭력은 피해확산이 매우 빠르고 댓글과 퍼나르기 등 집단적 양상을 띠고 익명성으로 인해 가해자를 찾기 어려우며 자신도 모르게 피해가 발생하고 2차, 3차 피해를 입힐 수 있다[7]는 것을 인지시킬 필요가 있다. 그리고 아이들 스스로 예방법이 무엇인지 모색하도록 하는 것도 도움이 될 수 있다예를 들어, 자신의 정보를 스스로 보호하고 피해 발생 시 사이버 범죄수사대에 신고하고 자신이 생각할 때는 장난이 타인의 이익을 침해하는 범죄가 될 수 있다 등.

7) 김희대(2016), 학교폭력 예방의 이론과 실제, 박영스토리.

02

바스켓볼 다이어리(2000)

The Basketball Diaries

"마약으로부터 벗어나고 싶어!"

바스켓볼 다이어리(2000) *The Basketball Diaries*

2000. 04. 19. 개봉
(감독) 스콧 칼버트
(주연) 레오나르도 디카프리오,
로레인 브라코,
제임스 마디오

◦ 등장인물

레오나르도 디카프리오
(짐 역)

로레인 브라코
(짐의 엄마 역)

제임스 마디오
(페드로 역)

- 짐: 실제 짐 케롤을 영화화한 인물로, 재능 있는 농구 선수이지만 어려운 집안환경으로 인해 방황하면서 어려서부터 마약에 손을 덴 후로 마약 중독에 빠져 있다. 학업과 농구 모두 포기한 채 마약에 빠져 살다 범죄를 저지른 후 감옥에 수감된다. 마약에서 벗어나 자신의 이야기를 사람들에게 강연하면서 감동을 주고, 마약 중독, 특히 청소년들의 마약 중독의 위험성을 알리는 전도사가 된다.
- 짐의 엄마: 짐을 홀로 키우며 어렵게 살아가지만 자신의 아들이 마약쟁이가 된 것을 알고 매정하게 아들을 내쫓는다. 그 이후로 아들을 찾지 않는다. 그것이 아들을 위한 선택이었는지는 영화상에서는 나오지 않는다.
- 페드로: 열악한 환경 속에서 마약과 각종 범죄를 저지르면서 살아간다. 짐은 마약에서 벗어나 새로운 인생을 살아가지만 여전히 마약 중독에서 벗어나지 못하고 하루하루를 살아간다.

줄거리

고등학생 짐디카프리오는 농구에 탁월한 재능이 있어 고등학교 농구팀에서 활약한다. 그리고 틈틈이 일기를 쓰기도 한다.

그러나 농구할 때와는 달리 학교 내에서나 밖에서 친구들과 어울려 다니며 온갖 못된 짓을 일삼는다. 그중에서 가장 심각한 것은 마약을 하기 시작한 것이다. 그저 호기심에 시작한 마약은 점점 심각해 지고 약에 취해 농구를 할 수 없는 지경에 이르게 되고 정학까지 당하게 된다. 그러면서 짐과 친구들의 일탈은 점점 심각해 진다. 약을 구하기 위해서는 무슨 짓이든 하게 된 것이다.

엄마로부터도 외면당하고 약에 취해 뉴욕의 어두운 골목 생활을 전전하게 된다. 그런 생활에서 벗어나기 위해 노력하지만 한번 마약 중독이 된 이후로 아무리 벗어나려

해도 중독으로 인해 발생되는 금단 현상으로 그는 지옥같은 시간을 보내다가 결국 다시 마약에 손을 대게 된다. 그리고 범죄를 저지르고 감옥에 갇히는 신세가 된다.

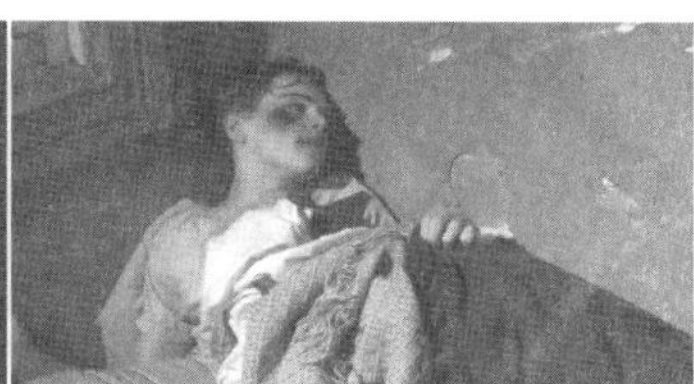

그 후 짐은 어떻게 되었을까. 다행히도 그의 감옥 생활은 그에게는 인생의 전환점이 된다. 아이러니하게도 감옥에 갇혀서야 비로서 온전히 마약으로부터 자유로워 질 수 있었던 것이다. 그는 매일같이 쓰던 일기를 감옥에서도 쓰기 시작했고 그것을 토대로 책을 출판한다.

그가 출소하고 나서 그는 우연히 그의 친구 페드로를 만난다. 그는 아직도 마약에서 벗어나지 못하고 있었다. 약을 하자는 제안을 할 일이 있다며 거절하고 같이 가자고 하자 페드로는 쓸쓸히 사라진다. 친구의 뒷모습을 잠시 바라보다 짐은 한 건물 안으로 들어간다. 어두운 무대 위에서 그에게 스포트라이트가 비춰지고 누군가에게 이야기를 시작한다.

"중독자의 종류에는 여러 가지가 있어요. 취미로 하는 부자 애호가들은 위험하다 싶으면 지중해로 날아가죠, 중산층 초보자들 기본적으로 같지만 그들의 부모는 문제의식을 갖고 정부가 조치를 취하게 하지요, 마지막으로 거리의 아이들은 아주 어려서 약 13세쯤부터 시작하는데, 스스로 자제력이 있다고 생각하지만 그렇지 않습니다. 결국엔 만성 중독자가 됩니다. 시간은 여전히 어둠의 편입니다."

그의 이야기가 끝나자 박수가 터져나온다.

이 영화는 짐케롤이 자신의 이야기를 영화한 것이라고 한다. 짐케롤은 17세 때 이 영화의 원작을 탈고했다. 그는 시, 음악, 소설, 연극 등에서 눈부신 활약을 했다고 한다. 실화이기 때문에 보다 더 현실성이 있게 다가온다.

마지막 장면에서 그가 사람들 앞에서 얘기했던 데로 한 부모 자녀로 자라면서 그는 가정적으로 사회적으로 소외되었고 비슷한 처지의 친구들과 어울려 다니며 현실을 부정하고 막막하게만 느껴지는 미래에 대한 불안을 달래고자 했을 수 있다. 그런데 그의 친구 중 가장 친한 친구를 백혈병으로 잃고 나서 그의 방황은 극을 달린다.

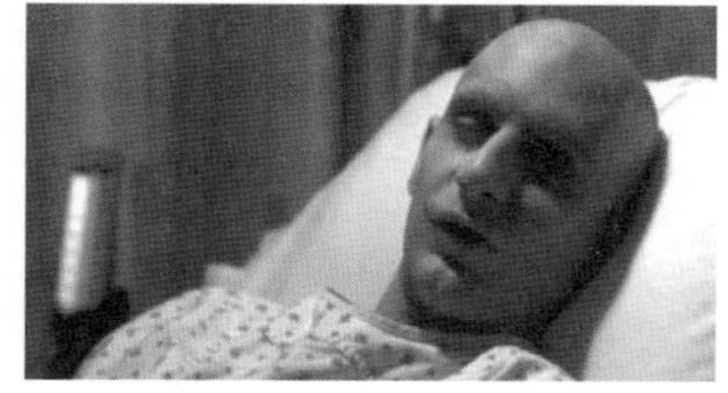

자신을 가장 잘 이해해 주었던 친구의 죽음으로

짐은 약물 중독의 나락에 빠져 버린다. 그의 청소년기는 그렇게 마약과 함께 흘러간다.

청소년기는 아동과 성인의 중간 단계로 급격한 신체적 변화와 함께 심리적, 정서적 변화, 자아정체감 형성 등 수많은 과제를 해결해야하는 시기로 이 시기의 아이들은 엄청난 위기를 겪는다. 이런 위기 속에서 다양한 유혹에 빠질 수 있고 그중 하나가 약물이 될 수 있다. 그중 청소년기의 약물 남용은 중요한 인생 주기에 있기 때문에 특별한 관심이 필요하다. 약물 사용이 성장기에 있는 청소년들에게 일어나게 되면 신체와 정신건강에 악영향을 주며 더 나아가 성인으로 성장하는데 지장을 가져온다. 또한 청소년의 약물 남용은 각종 비행과 범죄로 이어지는 심각한 사회문제를 야기한다. 황금만능주의와 퇴폐적인 성인문화, 대중매체의 선정성, 입시과열로 인한 교육 분위기, 부모의 무관심과 과잉보호, 부모의 이혼 또는 사망으로 시설에 위탁되거나 결손 가정의 청소년으로 방치되곤 한다. 이러한 이유로 청소년의 약물 사용도 해마다 증가하고 있으며, 그 연령도 점점 낮아지고 있는 실정이다.[8)]

청소년들이 남용하고 있는 약물의 종류가 단순히 마약이나 대마에 국한되지 않고 향정신성 의약품관리법의 규제를 받는 상용의약품, 유해화학물질규제법의 규제 대상인 본드, 부탄가스 등 다양한 종류의 약물에 적용된다는 점에서 큰 문제이며, 청소년보호법의 규제 대상인 담배와 술을 포함하면 그 폐해는 더욱 커질 것으로 보인다.

8) 이윤로(2000), 청소년 약물 남용의 원인과 치료, 문음사.

그러나 우리는 마약류사범의 증가 추세에만 초점을 맞추다 보니 청소년들 사이에 약물 남용이 심각하게 증가하고 있다는 것에만 관심을 기울일 뿐 객관적인 입장에서 청소년들의 약물 남용 실태를 파악하는 것은 소홀히 하였다. 이렇게 약물 남용의 증가라는 주제에만 초점을 맞추어 실태 파악을 하게 되면 객관적인 자료 분석을 통한 결론의 도출보다는 사회경각심의 고취라는 명분에만 얽매이게 되는 잘못을 범하기가 쉽다.[9] 또한 우리나라 청소년의 경우 마약보다는 술이나 담배에 중독되어 있는 경우가 많기 때문에 이에 대한 실태파악을 하고 적절한 개입을 하는 것이 보다 필요하다.

먼저 약물의 정의부터 살펴보도록 하자.

약물이란 신체의 화학 작용 또는 내부 구조의 일부에 변화를 가져올 수 있는 화학 물질을 말한다. 세계보건기구WHO의 정의에 따르면 약물이란 '한번 사용하기 시작하면 자꾸 사용하고 싶은 충동을 느끼고의존성, 사용할 때마다 양을 늘리지 않으면 효과가 없으며내성, 사용을 중지하면 온 몸에 견디기 힘든 이상을 일으키고금단 증상, 개인에게 한정되지 않고 사회에도 해를 끼치는 물질'로 정의되고 있다.

- 물질관련 장애에는 10가지 서로 다른 종류의 약물을 포함
- 알코올, 카페인, 대마, 환각제, 흡입제, 아편계, 진정제, 수면제,

9) 안영철(2006), 청소년 약물 남용 실태 및 예방대책에 관한 연구, 호서대학교 석사학위 논문.

항불안제, 자극제, 담배, 기타미상의 약물. 이 약물은 완전히 구별되지 않음.

- 모든 약물은 공통적으로 과량 복용할 때 행동과 기억 생성을 강화하는 뇌 보상 체계를 직접 활성화
- 강력하게 보상 체계를 자극하기 때문에 정상적으로 일어나는 뇌 활성화 신호들은 무시되고 적응적인 행동을 통한 보상이 아닌 남용 약물을 통해 직접적으로 보상회로를 활성화 함.
- 약물들은 보상 체계를 활성화하고 종종 고양감high이라고 불리는 쾌락을 만들고 뇌 억제 체계에 손상이 있어 자기 조절 능력이 떨어지는 경우 물질 사용 장애가 생기기 쉽고, 일부 물질 사용 장애가 있는 사람들은 이 장애가 생기기 전부터 행동상의 문제를 나타냄.DSM-5 기준

청소년들의 약물 남용의 특징은 다음과 같다.

- 약물 남용을 시작하게 되면 빠른 속도로 중독화 됨.
- 약한 약물담배나 술 등에서 시작하지만 차츰 더 강한 약물로 빠르게 진행되고, 여러 약물을 복합적으로 남용함.
- 쉽게 현실 판단 능력이나 자제력을 상실하여 저지르는 높은 공격 행위 및 범죄 행위들이 많음. 약물 남용이 장기적인 면에서 성인병 등 각종 질환을 유발함.
- 재발률이 성인 약물 남용자들보다 높음.
- 또래 집단의 유혹에 노출되어 있다는 것임.

현대사회는 물질적으로 풍요롭고 편리한 사회이지만 그 반면 정신적 빈곤과 세대 간의 갈등 등 많은 문제가 동시에 야기되고 있다. 특히, 청소년기는 급격한 신체적 변화와 심리적 억압과 갈등, 여러 측면의 아노미 현상 등으로 인해 해결해야 할 많은 과제를 안고 어려움을 겪는 질풍노도의 시기라 할 수 있다. 청소년기의 약물남용은 인생주기에 있어 가장 왕성한 성장과 발달을 하는 시기임으로 약물을 오용하는 것은 신체적, 정신적으로 상당한 영향을 미치게 되는데, 예를 들어 동화 스테로이드와 같은 약물은 성장호르몬을 억제하는 효과가 있는 것으로 알려져 있다. 따라서 성장기에 있는 아동과 청소년들에게는 이런 약물을 사용 시 주의할 필요가 있다. 또한 청소년의 약물남용은 각종 비행과 범죄로 이어지는 심각한 사회 문제로 대두되기 때문에 보다 각별한 관심이 필요하다.

영화에서는 주로 마약에 대한 위험성을 경고하고 있지만 우리나라 청소년들은 상대적으로 마약의 사용보다는 술이나 담배와 같은 다른 약물 사용이 보다 흔한 것으로 보인다.

한국마약퇴치운동본부(2010)에서 조사한 내용을 보면 약물사용 동기는 친구의 권유, 스트레스 해소 등의 이유가 많았고 약물 사용은 구입 가능한 약물에 대한 사용이 높게 나타났다.

— 마약류 심각성에 관한 청소년 인식도

구분	1위	2위
술	10.7%(친구 권유)	5.6%(스트레스 해소)
담배	8.2%(친구 권유)	5.6%(스트레스 해소)
환각흡입물질	0.2%(친구 권유)	0.2%(대중 매체 등을 보고)
신경안정제/수면제	0.9%(아파서)	0.4%(스트레스 해소)
각성제	0.2%(아파서)	0.1%(친구 권유)
이뇨제/살 빼는 약	0.3%(친구 권유)	–
근육 키우는 약	0.1%(대중 매체 등을 보고)	0.1%(친구 권유)
대마초	0.1%(친구 권유)	0.1%(매력 있게 보여서)

자료: 한국마약퇴치본부(2010)

— 마약류 및 남용약물에 대한 구입 가능성

구분	2008년	2009년
진통제	63.9%	63.1%
기침감기약	56.5%	49.9%
술	40.8%	39.3%
담배	35.8%	35.2%
신경안정제/수면제	33.0%	29.4%
환각흡입물질	29.4%	27.1%
이뇨제/살 빼는 약	26.4%	26.0%
각성제	23.4%	21.8%
머리 좋아지는 약	19.5%	18.3%
근육 키우는 약	15.3%	13.9%
근이완제	14.2%	12.9%
대마초	3.3%	2.7%
히로뽕 등 마약	3.2%	2.5%

자료: 한국마약퇴치본부(2010)

대마초나 히로뽕과 같은 마약은 비용 면이나 유통 면에서 청소년들이 쉽게 접할 수 없는 반면, 감기약, 술, 담배 등은 상대적으로 구입 가능성이 높다. 특히, 우리나라 청소년들의 경우 약물의 유해성에 대해 적절한 교육이 이루어지지 않고 있는 것으로 나타난다.

한국마약퇴치운동본부 조사2010에 의하면 학교청소년의 10명 중 4명42.2%이 'TV나 라디오 등 방송매체'를 통해, 그리고 5명 중 1명21.9%은 '학교에서의 교육'을 통해 마약류 및 약물남용의 폐해나 위험성을 알게 되는 것으로 조사되었다.

— 마약류 및 남용약물 사용 경험률(%)

구분	2008년			2009년		
	평생	최근 1년	현재	평생	최근 1년	현재
가. 진통제	50.9	36.3	18.4	49.3	36.9	18.6
나. 신경안정제/수면제	6.8	3.2	1.3	4.8	2.3	1.0
다. 머리 좋아지는 약	2.6	1.5	0.9	2.5	1.0	0.5
라. 각성제(잠 안 오는 약)	3.1	1.9	1.1	2.6	1.5	0.8
마. 기침감기약	51.9	33.6	15.9	43.3	28.8	15.1
바. 이뇨제/살 빼는 약	1.9	1.2	0.7	1.7	0.6	0.3
사. 근육 키우는 약	0.8	0.4	0.3	0.9	0.4	0.1
아. 근육이완제	0.8	0.5	0.2	1.0	0.5	0.2
자. 대마초	0.5	0.3	0.3	0.3	0.2	0.03
차. 히로뽕, 헤로인 등 마약	0.3	0.3	0.2	0.1	0.1	0.03
카. 환각흡입물질	1.7	1.0	0.7	1.3	0.7	0.3
타. 술	42.2	31.7	16.7	37.7	26.8	13.4
파. 담배	16.8	11.6	8.4	17.6	12.0	8.2

자료: 한국마약퇴치본부(2010)

또한 마약류 및 남용약물을 치료목적 이외의 다른 목적으로 사용한 경험평생 사용률을 살펴보면, 진통제49.3%, 기침감기약43.3%이 가장 많은 것으로 나타났다. 그 다음으로 술37.7%, 담배17.6%, 신경안정제/수면제4.8%, 각성제잠 안 오는 약 2.6%, 머리 좋아지는 약2.5%, 이뇨제/살 빼는 약1.7%, 환각흡입물질1.3% 순이었다. 즉, 앞에 제시된 표에서처럼 쉽게 구입할 수 있는 약물들을 오남용하고 있는 것으로 볼 수 있다.

따라서 우리 청소년들의 약물 남용을 방지하기 위해서는 청소년들이 무분별하게 약물을 구입하고 오용하지 못하도록 방지하고 교육을 하는 것이 우선적으로 필요하다고 할 것이다.

— 마약류 및 약물남용 방지를 위한 정책 방안

- 10대 학교 청소년들은 향후 마약류 및 약물남용의 확산을 방지하기 위한 가장 바람직한 방안으로 '마약류 사용자 및 유통자, 제조자에 대한 처벌 강화'(32.7%)를 1순위로 꼽아, 아마도 올해부터 보건교육이 전면 실시된 것의 영향으로 보인다.
- 다음으로 '학교에서 예방교육시간 배당'(27.0%), 'TV 등 대중매체를 통한 마약퇴치 홍보 프로그램 방영'(22.1%), '마약중독자 치료 및 재활 등 사회복귀를 위한 지원 강화'(15.3%) 순으로 확산 방지 방안을 제시하였다.

— 마약류 및 남용약물의 확산 방지 방안

구분	2008년	2009년
학교에서 예방교육시간 배당	30.7%	27.0%
처벌 강화	29.3%	32.7%

대중매체 홍보 프로그램 방영	21.2%	22.1%
중독자 치료재활 지원 강화	14.5%	15.3%
기타	0.5%	0.7%
무응답	3.7%	2.2%

자료: 한국마약퇴치본부(2010)

03

디스커넥트(2013)

Disconnect

"관계하고 싶으면 단절하라."

디스커넥트(2013) *Disconnect*

2013. 11. 07. 개봉
(감독) 헨리 알렉스 루빈
(주연) 알렉산더 스카스가드,
제이슨 베이트먼,
폴라 패튼
2012년 베니스 영화제 & 토론토 영화제 공식 초청작,
아카데미 작품상 노미네이트 헨리 알렉스 루빈 감독 연출

현대사회를 지배하고 있는 SNS 시대의 폐해를 적나라하게 담아 전세계를 충격으로 몰아넣은 화제작 영화 ＜디스커넥트＞는 장애인들의 휠체어 럭비 도전기를 그린 감동적인 다큐멘터리 영화 ＜머더볼＞을 연출해 2006년 제78회 아카데미 시상식 작품상 후보에

올랐던 헨리 알렉스 루빈 감독이 다큐멘터리적 기법을 이용해 캐릭터에 현실감을 불어넣었다. 때문에 영화를 보고 있는 내내 영화 속 사건이 마치 지금 바로 나에게 일어날 것만 같은 불안감이 엄습하며 무분별한 인터넷 사용에 대한 경각심을 불러일으키고 있다. 영화 <디스커넥트>는 2012년 제69회 베니스 국제 영화제와 제37회 토론토 국제 영화제에 공식 초청되어 평단의 극찬을 받으며 탁월한 연출력을 인정받은 바 있다.출처: 다음 영화

등장인물

알렉산더 스카스가드 (데릭 헐 역)

폴라 패튼 (신디 헐 역)

프랭크 그릴로 (마이크 딕슨 역)

콜린 포드 (제이슨 역)

안드레아 라이즈보로 (니나 던햄 역)

맥스 티에라웃 (카일 역)

당신은 지금 누구와 대화하고 있습니까?

영화 <디스커넥트>에서는 각각 다른 에피소드로 구성되어 있으면서 이 에피소드들은 처음에는 각각 다른 이야기로 전개되지만 하나의 에피소드는 다른 에피소드의 주인공과 연결되어 있다. 그러면서 각각의 개인들의 삶을 조명한다.

1. 어느 부부 이야기

어린 아들을 잃고 남편과도 대화하지 않는 신디는 자신의 마음을 털어놓을 상대가 마땅치 않아 채팅을 하면서 채팅 상대로부터 위로를 받지만 전 재산이 피싱 당하게 된다.

경찰의 방문으로 이런 모든 사실이 남편에게까지 알려지고 그녀의 남편은 부인이 채팅 상대에게 자신과 아들의 죽음까지 이야기한 사실을 알고 분노한다. 남편은 그녀를, 그녀는 남편을 비난하면서도 그들은 채팅 상대를 직접 찾아 나선다.

2. 어느 경찰관과 그의 아들 이야기

홀로 아들을 키우면서 경찰관으로 일하고 있는 딕슨은 한 부부의 전 재산이 피싱 당한 사건을 들여다보고 있다. 부부에게 조언과 충

고도 아끼지 않는 그 지만 집에서 그는 하나 뿐인 아들에게 권위적이고 엄격한 아버지이다. 사춘기에 접어든 아들이 같은 반 친구를 골탕 먹이기 위해 가짜 여학생 계정의 SNS로 채팅을 하고 그에게 나체 사진을 보내며 그 친구에게도 사진을 보내줄 것을 요구한다. 설마 이런 장난에 넘어올 것이라고 생각지 못했는데 그 친구는 진짜로 자신의 알몸 사진을 찍어 보낸다. 그리고 나서 이 사진이 유포되고 친구는 자살을 시도한다.

3. 한 소년의 이야기

벤은 친구 하나 없는 일종의 '왕따'이다. 지극히 내성적인 이 아이는 음악에 빠져 이런 상황을 회피하고자 한다. 같은 반 친구 제이슨은 늘 이어폰을 끼고 다니며 SNS를 하고 외로움을 해결하려는 벤을 골탕 먹이기 위해 가상의 인물인 미모의 제시카로 SNS에 등록한 후, 벤의 팬임을 가장해 접근한다. 늘 외로웠던 벤은 자신의 고민을 제시카에게 털어 놓으며 마음을 열고 급기야 제시카의 요청에 의해 의심 없이 자신의 나체 사진을 전송한다. 그

러나 자신의 나체 사진이 급속도로 유포되자 자살을 시도한다.

4. 지방 방속국 기자 이야기

지방 방송국 기자 니나는 불법 성인 사이트에서 화상 채팅을 하는 18살 미성년자 카일에게 접근한다. 그와 어느 정도 관계가 성립되자 그녀는 은밀한 거래를 제안한다. 그에게 인터뷰를 요구한 것이다. 이 인터뷰는 화제선상에 떠오르며 CNN을 타게 되지만 잠시 니나를 찾아온 FBI는 미성년자 불법 성인 사이트를 수사한다며 취재원의 정보를 요구한다. 취재원을 보호할 것인지 자신의 미래를 위해 정보를 공개할 것인지 고민하다 그녀는 결국 그의 정보를 넘기게 되고 이 사실을 카일에게 알리고 용서를 구한다.

현대인의 일상을 지배하는 SNS의 비극과 허상,
누군가와 관계를 맺고 싶다면 지금 당장 SNS를 탈퇴하라!

이 영화는 위와 같이 말하고 있는 듯하다. 전 세계 70억 인구 중 24억 명이 인터넷을 사용하고 있고, 2014년 전 세계 SNS소셜 네트워크 서비스 사용자 수가 18억 명에 이를 것으로 추산되는 가운데 지난

3년간2010~2012 발생한 일반 사이버 범죄가 30만 6,796건을 육박했고, 지난 2년간2011~2012 해킹으로 유출된 개인 정보의 규모가 6,341만 7,100건에 이른다는 조사 결과가 심각한 사이버 범죄의 실태를 보여 준다. 지난 7월 전국민을 경악하게 한 '디시인사이드 정사갤 살인사건'이나 악성 댓글에 시달리다 자살을 선택한 수많은 연예인들의 사례, 그리고 새로운 학교 폭력 문제로 대두되고 있는 SNS 왕따 등 연이어 심각한 사이버 범죄가 뉴스를 가득 메우고 있다. 미국 SNS 전문 연구회사 '마이라이프'가 발표한 "SNS 사용자의 56%는 고립공포감을 느낀다"는 연구 결과는 진정한 소통이 이루어지고 있지 않은 SNS의 폐해를 단적으로 보여 주고 있다. 이처럼 SNS가 현대사회에 미치고 있는 부정적인 측면이 하나 둘 수면 위로 떠오르며 우려의 목소리가 높아지고 있다.출처: 다음 영화

영화 <디스커넥트>는 각각의 별개의 이야기들이 사실은 서로 연결되어 있다는 것을 보여 주면서 영화 속 일들이 사실은 우리들 자신과 주변에서 흔히 일어날 수 있는 일임을 보여 주고 경각심을 불러일으키고 있다.

이 영화에서 최대의 희생양은 십대 소년 벤과 그를 자살에 이르게 한 같은 반 친구 제이슨이다. 친구가 없어 자신을 좋아해준다는 말만 듣고 자신의 나체 사진을 아무 의심 없이 전송한 벤. 이 아이는 같은 학교에 다니는 누나에게 조차 외면당한다. 그러나 그런 일에 익숙한 듯 벤은 그저 음악만 듣고 있을 뿐이다. 그리고 자살하기 직전까지도 그는 혼자였다. 시끄러운 음악 소리에 짜증스러운 얼굴로

벤의 방문을 연 누나는 벤이 목을 멘 것을 보고 경악한다. 그리고 후회하지만 동생은 아무말이 없다. 그리고 그를 죽음으로 몰고간 제이슨은 죄책감에 벤이 입원한 병원을 찾았다가 벤의 아버지를 만난다. 벤과 자신에게 친절한 벤의 아버지를 보고 제이슨은 무언가 서글픈 감정에 휩싸인다. 우리 아버지도 저렇게 해주면 좋으련만… 제이슨은 결국 자신을 다그치는 아버지를 향해 소리친다. "다른 아버지들은 이렇게 하지 않는다구요!"

그리고 또 다른 청소년 카일은 불법 사이트에서 음란 채팅으로 돈을 번다. 따지고 보면 그를 이용해 성적인 욕구를 충족하는 것도 어른이고 그를 이용해 방송을 하고 유명세를 타고자 한 기자도 어른들이다. 자신을 음란 채팅을 하도록 한 사장은 나에게 음식과 잘 곳을 제공해 주었고 나는 그것이 절실히 필요했을 뿐이다. 그는 자신을 이용한 기자에게 분노한다.

SNS는 신의 선물인가, 저주인가

현대인들은 각자의 세상에서 각자의 방식으로 소통한다. 어떤 이들은 자신만의 세계로 스스로를 고립시키며 살아가지만 인간은 누군가와 소통하지 않으면 살지 못한다. 그래서 단절되어 있으면서도 끊임없이 SNS라는 새로운 세계에서라도 소통하려고 하는 것일지 모른다. 영화 <디스커넥트>의 주인공들은 알고 보면 외톨이들이다. 가장 가까워야 할 부부와 가족들이 서로 대화하지 않고 같은 공간에서 각자 살아간다. 가족 간 원활한 의사소통은 가족들의 심리적, 신체적 건강과 사회적 안녕과 직결되는 문제이다. 부모와 의사소통이 잘 안되는 아이들은 컴퓨터나 인터넷 게임과 SNS에 더욱 몰두하는 경향이 있다는 것은 잘 알려진 사실이다. 영화의 제목처럼 당신이 누군가와 제대로 소통하고 대화하길 원한다면, 가상의 누군가가 아닌 당신의 가족, 당신의 친구나 동료와 생각과 감정을 나누길 원한다면 SNS의 늪에서 벗어나야 한다. 그 연결 고리를 끊고 실제 당신이 살고 있는 세상으로 나와야 한다고 영화는 말하고 있는 듯하다.

청소년 SNS 중독 사례

수년전의 일이다. 아는 분을 통해 청소년 상담 의뢰가 들어왔다. 다름 아닌 SNS 중독이 의심되는 사례였다. 부모는 아이가 ○○톡과 문자 등에 중독되어 있는 것 같다면서 아이를 데리고 왔다. 이미 아이는 학교를 자퇴한 상태였고 부모와는 거의 소통이 어려운 상태였다. 부모의 보고에 의하면 아이는 잠을 잘 때를 빼고는 휴대전화를 손에 놓지 않는다는 것이었다. 휴대전화를 뺏기도 하고 별의별 조치를 다 취했지만 아이의 증상은 나아지지 않았다. 학교도 가지 않고 오로지 휴대전화만 들고 있는 아이를 보면 미칠 것 같다는 것이었다. 먼저 아이의 현 상태를 명확히 파악하기 위해 심리검사를 실시하였다. 검사 결과 아이는 자존감이 높지 않았고 학업에 별다른 흥미가 없었으며 성취동기도 높지 않아 전반적으로 수행이 저조하였다. 게다가 사회인지마저도 높지 않았기에 또래 관계가 좋지 못했다. 누구보다 친구들과 잘 어울리고 싶었던 아이였지만 실상 자신이 친구들에게 다가가면 다가갈수록 친구들로부터 배척받고 상처 받기 일수였다. 그래서 이 아이는 친구들이 자신에게 언제든지 연락을 할 수 있는데 혹시라도 연락을 받지 못하면 왕따를 당하거나 다시는 연락을 받지 못할 것이라는 생각 때문에 잠시라도 휴대전화를 꺼두거나 다른 일을 할 수 없다고 하였다.

이런 아이들을 만나게 되면 어떻게 하면 좋을까. 대개 많은 부모들은 경고를 하고 그럼에도 불구하고 개선이 되지 않는다면 휴대전화를 뺏는 식의 극약처방을 한다. 물론 이 방법이 효과적일 수도 있지만, 근본적인 원인이 어디에 있는지 살피지 않고 이런 방법을 쓴다는 것은 오히려 역효과를 불러올 수 있다.

이 학생의 문제는 부모와의 소통의 부재에 기인하는 것이었다. 가부장적인 아버지와 의존적이고 수동적인 어머니 사이에서 아이는 자신이 원하는 것보다는 부모가 원하는 것을 강요받았고 부모의 요구에 충분히 반응하지 못함으로써 부모로부터 질책 받음으로써 자신이 수용되지 못하고 있다고 느끼고 있었다. 그런 외롭고 답답한 심정을 이해해주는 것은 친구였다. 그러나 어려서부터 부모와 자연스러운 소통을 해보지 못했던 아이는 일방적으로 자신이 상대의 요구에 순응하는 쪽으로 적응해 온 것으로 보이고 친구의 다소 무리한 요구를 거절하지 못하고 끌려 다니고 있었던 것이었다.

다행히도 소통과 관계 욕구가 컸던 아이였기에 상담사의 지지는 상당히 효과를 발휘하였고 어느 순간부터 아이는 휴대전화에 집착하지 않게 되었다. 그리고 시간이 흐르자 자신이 하고 싶은 것이 무엇인지도 정확히 표현하게 되었다. 이후 아이는 다시 학교에 진학하고 잘 적응하는 모습을 보여주었다.

결론은 다시 부모자녀관계로 회귀된다. 모든 관계의 시작은 부모자녀의 관계에서 비롯되기 때문에 어쩔 수 없는 귀결이다. 우리 사회가 점점 각박해지고 그러면 그럴수록 사람들은 가상적이고 허구적인 것이라고 할지라도 SNS를 통해서라도 그 갈증을 해결하려고 할 것이다. 문제는 가족이고 그 구성원들 간의 소통에 있다.

PART 05
청소년의 성

01

러브, 로지(2014)

Love, Rosie

"사랑이 뭘까?"

러브, 로지(2014) *Love, Rosie*

2014. 12. 10. 개봉
(감독) 크리스티안 디터
(주연) 릴리 콜린스,
샘 클라플린

등장인물

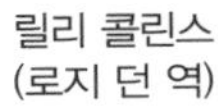

릴리 콜린스
(로지 던 역)

샘 클라플린
(알렉스 스튜어트 역)

- 로지 던: 하루밤의 실수로 20살이 되자마자 엄마가 되어버린 로지는 오랜 친구로만 여겼던 알렉스를 떠나보내고 미혼모로 하루 하루 열심히 살아가지만 마음 한켠 알렉스에 대한 마음이 있다는 것을 알게 된다. 그러나 이런 마음을 숨기고 12년이라는 세월을 보낸다. 그러나 결국 자신의 사랑이 알렉스라는 확신을 갖게 된다.
- 알렉스 스튜어트: 로지를 좋아했지만 겉으로는 무관심한 듯 행동하던 알렉스는 로지와 함께 대학에 가기로 하지만 갑작스럽게 로지가 결혼을 하자 상심하고 떠난다. 그러나 알렉스 역시 12년간 키워온 사랑을 부정하지 못하고 로지를 만나게 된다.

일반적으로 우리나라 청소년들은 외국의 청소년들에 비해 이성 교제의 기회가 적은 편이다. 그래서 대부분의 청소년들은 이성과의 교제에 대한 욕구를 억제한 채 청소년기를 보내는 경우가 많다. 대부분의 부모들은 자녀의 이성 교제에 대해서 동성 친구 관계에 비해 보수적이며 규제하려 한다. 그것은 이 시기에 중요한 학업이 놓여져 있기 때문이다. 그러한 까닭으로 우리나라 청소년들이 청소년기에 이성 친구와 적절한 교우 관계의 체험 없이 청년기 또는 성인기에 접어들어서 막상 이성을 사귀거나 배우자를 선택할 상황이 되면 경험의 부족 등으로 많은 문제점들이 노출되기도 한다강원도청소년종합상담실, 1997.

최근에도 문제는 많이 달라지지 않고 있다. 형식적인 성교육은 이전보다 많이 이루어지고 있지만, 성교육과 이성 교제에 대한 것이 교육으로만 모두 해결될 수는 없다. 과거에는 십대에 시집 장가를 보내는 것이 이상한 일이 아니었지만, 시대가 변하면서 아이들은 학업에 지나치게 많은 시간을 투자하게 되고 이성에 대한 욕구는 금지되면서 억눌린 성에 대한 욕구는 음성화되고 각종 문제들을 일으키는 요인이 되고 있다. 청소년 성문제로는 성 충동, 이성 관계, 성관계, 낙태와 미혼모 문제, 성폭력과 성매매, 음란물 등이 있다.

청소년의 성과 이성 관계

청소년기의 가장 두드러지는 특징은 신체적 변화이다. 이들은 1차 성징과 2차 성징을 지나 성인의 신체와 비슷해지며 생식 능력을 갖게 되고 호르몬의 변화로 인해 성욕이나 성적 긴장이 높아지고 이에 따라 이성에 대한 관심이 높아지게 된다. 이 시기에 고환과 난소가 발달하고 정자 세포와 난자 세포를 생성하게 되며 여자의 경우 초경을 시작하게 되는 시기가 이 시기라고 할 수 있다.

청소년의 성에 대해서 헐록Hurlock의 성의식 발달 단계를 통해 알아보도록 하겠다.

헐록은 이성에 대한 관심의 발달은 개인에 따라 차이가 있으나 크게 5단계로 구분하였다.

1) 초기 성적 단계: 1~5세, 양육자에게 애정을 갖고 남녀 구별 없이 친밀감을 느낌.
2) 성적 대항기: 6~12세, 동성에게 친밀감을 느끼나 이성에게는 대립감을 느낌.
3) 성적 혐오기: 12~13세, 또래 이성에 대한 심한 대립감을 가짐.
4) 성적 애착기: 13~15세, 또래 동성과 이성 연장자에 대한 강한 애착을 보임.
5) 이성애 단계: 15~16세, 이성 연장자를 사모함. 16~18세, 이성 일반에 대한 애정을 가짐. 19~20세, 또래 이성에 대한 애정을 느끼고 연애를 함.

5세 이하 연령의 어린아이들은 남성과 여성의 차이를 분명하게 의식하지 못하기 때문에 남녀 구분없이 친밀감을 느끼지만 초등학교 입학 시기가 되면 남자아이들은 남자아이들끼리, 여자아이들은 여자아이들끼리 노는 것을 좋아하며 반대 성의 친구에 대해 반감을 갖기도 한다. 이는 생리적 원인이라기보다는 사회적 요인이 큰데, 어른들이 부여하는 남녀의 차이가 아이들에게도 영향을 미치고 각자의 성 특징을 가지려고 하는 것으로 볼 수 있다. 예를 들면, 남자

아이들이 분홍색과 비슷한 류의 색을 여자를 상징하는 어떤 것으로 인식하고 거부하는 것이나, 같이 어울려 놀지 않으려고 하는 경향을 보이기도 한다. 예전에는 특히 이런 경향성이 두드러졌는데, 초등학교 때 여자아이들을 괴롭히는 남자아이들이 많았고 같이 앉을 책상에 금을 그어 놓고 침범하지 못하게 한다거나 하는 식으로 반감을 표현하기도 하였다. 그런 중에도 서로 잘 해주는 아이들은 좋아한다면서 놀리기도 했던 기억이 난다. 그런데 요즘에는 아이들이 서로 좋아한다는 표현을 서슴없이하고 유치원 때부터 여친, 남친이 있다는 걸 보면 격세지감을 느끼게 된다. 역시 이 부분은 생물학적인 것이 아니라 사회적이고 환경적인 영향이 크다는 것을 반증하는 것이라고 할 수 있다.

그러다가 13세 이후, 즉 사춘기가 되어서야 비로소 이성에 대한 관심을 보이게 되고 처음에는 이성 연장자를 좋아하다가 점차 또래 이성 친구에게 관심을 갖게 되는 양상으로 진행된다. 영화 <러브 로지>에서도 이런 내용들이 등장한다. 어려서는 그저 친한 친구로만 여겼던 이성 친구가 어느 날 관심의 대상이 되면서 발생되는 사건들을 다루고 있다. <러브, 로지>의 이야기를 들여다보자.

◎ 줄거리

어릴 때부터 모든 것을 함께 겪어온 단짝 친구인 로지와 알렉스는 고등학교 졸업 후 영국의 작은 고향마을을 떠나 미국 보스턴의 대학에 함께 가기로 약속한다. 하지만 각자 다른 파트너와 간 졸업 파티에서 한 순간의 실수로 로지는 임신을 하게 되고 꿈을 접은 채 홀로 아이를 키우며 호텔에서 일한다. 그러나 알렉스는 원하는 대학에 진학하고 자신의 꿈을 펼치기 위해 미국으로 떠난다. 그렇게 각자의 삶을 살아가던 로지에게 알렉스가 연락을 하게 되고 두 사람은 서로의 미묘한 감정을 확인하지만, 쉽게 자신의 감정을 드러내지 못하고 헤어지기를 반복하며 운명은 엇갈린다.

영화 <러브, 로지>를 보면 아주 어렸을 때부터 단짝 친구로 허물없이 지낸다. 그렇게 시간이 흘러 사춘기가 된 그들은 서로에게 이성적인 끌림을 느끼지만, 이를 애써 무시한다. 너무 허물없이 친하다는 것이 이들에게는 이성 관계로 발전하는데, 걸림돌이 된 셈이다.

이성 관계로 돌입하기 위해서는, 즉 사랑으로 발전하기 위해서는 친밀감, 열정, 그리고 책임 또는 결단이 필요하다. 이들은 어려부터 오랜 시간 친구로 지내왔기 때문에 서로에 대해서 너무나 잘 알고 있고 그래서 친밀감이 형성되어 있는 상태이다. 어렸을 때 이들의 관계는 '우정'으로 설명할 수 있는데, 이 우정이 애정과 다른 측면은 '열정'이 있느냐 없느냐의 문제이다. 즉, 이들이 우정에서 애정으로 발전하는데, 어떤 계기가 있어야 하는데, 바로 졸업 파티가 그런 역할을 하게 된다. 각자의 옆에 다른 이성이 있는 것을 보고 두 사람 모두 질투의 감정을 느끼게 된다. 그러나 아쉽게도 두 사람은 그런 감정을 솔직하게 표현하지 못한다. 청소년기의 이성에 대한 감정은 때로는 매우 극단적으로 이상화되기도 하고 왜곡되기도 하는데, 이들은 자신의 감정을 정확하게 인식하지 못한다. 이성에 대한 감정,

사랑에 대한 감정이 정확히 무엇인지 경험도 부족하기 때문에 갈팡질팡하다가 결국 고백할 기회를 놓치기 쉽다.

이런 상황은 드라마 <응답하라 1988>에서도 비슷하게 묘사된다. 덕선이와 정환, 택이는 가족이나 다름없이 지내온 사이지만, 시간이 지나면서 점점 서로에 대해 이성으로서의 매력을 느끼게 된다. 그러나 겉으로는 무심한 척 때로는 원수처럼 싸우기도 하면서 이런 감정을 속이는데, 아마도 이런 감정을 들켰을 때의 어색함, 거절 받을 것에 대한 두려움 등이 이면에 깔려 있었을 것으로 보인다. 이렇게 서로의 감정을 숨기던 중, 택이가 용기를 내어 덕선을 좋아한다는 사실을 친구들에게 알리게 되고 결국 덕선과 택이는 사랑을 이루게 된다는 내용이다. 사랑을 쟁취하기 위해서는 용기가 필요하다.

그러나 우리나라의 청소년들에게 이런 이야기는 꿈과 같은 이야기일 수 있다. 지나친 경쟁으로 내몰리면서 아이들은 초등학교 때부터 학원을 전전하면서 대부분의 시간을 보내게 된다. 그리고 많은 시간을 인터넷이나 채팅 등을 하면서 남은 시간들을 보내게 되는데, 이성을 자연스럽게 접하면서 이성 관계 내에서 올바른 성관계를 맺는 방법을 배우지 못한채, 제대로 된 성교육을 받기 전에 음란물을 보다 먼저 접하는 경우가 많기 때문에 청소년들의 성에 대한 인식은 왜곡될 수밖에 없다. 아이들을 이런 유해한 환경에 노출시키는 것은 모두 어른들의 책임이다. 아이들이 성에 대한 긍정적인 인식을 하도록 돕는 것은 이후 이성 관계에 지대한 영향을 미치는 것이기 때문에 매우 중요하다고 할 수 있다.

02

주노(2008)

Juno

"괜찮아, 니 잘못이 아니야!"

주노(2008) *Juno*

2008. 02. 21. 개봉
(감독) 제이슨 라이트만
(주연) 엘렌 페이지,
마이클 세라,
제니퍼 가너

등장인물

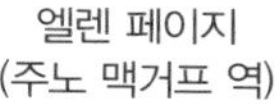

엘렌 페이지
(주노 맥거프 역)

마이클 세라
(폴린 블리커 역)

제니퍼 가너
(바네사 로링 역)

영화 <주노>는 십대 소녀가 임신을 한 이후, 겪는 여러 가지 일들을 현실감 있게 그리고 있다.

그러나 이 영화에서 보여 주는 상황들은 우리나라의 상황들과는 너무 다르다. 외국의 경우 미혼모이면서도 학교도 다니고 자신이 미혼모임을 부끄럽게 생각하지 않는 것 같다. 그러나 우리나라에서는 십대에 임신을 하고 아이를 낳은 후 책임을 지지 않고 아이를 버렸다는 이야기를 뉴스 등을 통해 심심치 않게 듣곤 한다. 미혼모가 아이를 끝까지 책임지기에는 상황이 너무 열악하고 사회가 이들을 수용해 주지 못하기 때문이다. 필자가 경험한 사례에서도 미혼모가 혼자 아이 둘을 기르는데 경제적으로나 육체적으로 너무 힘들고 아이의 아빠라는 사람들과 그의 가족들은 책임을 지기는커녕 오히려 냉담하고 무책임한 행동을 보여 마음의 상처도 큰 상태였다. 사실 미혼모라는 용어 자체가 잘못된 것이라고 할 수 있다. 아이는 여자 혼자서 만드는 것이 아니기에 개인과 사회가 자신의 행동에 책임을 지고 실수했더라도 당당히 살아갈 수 있는 환경이 마련되어야 한다. 그렇지 않으면 무분별한 성행위 뒤에 따르는 결과는 아무것도 모르고 세상에 태어나 버려지거나 죽임을 당하는 비극적인 운명으로 끝을 맺거나, 홀로 아이를 키우며 고통 속에서 살아가야 하는 미혼모들의 몫이 될 것이다.

청소년 성문제에 대한 원인과 해결책

청소년기는 성호르몬의 분비와 급격한 생리적 변화를 경험하기 시작하여 추상적 사고와 자아 정체감이 이루어지는 시기이다. 이 시기에 청소년은 신체적, 심리적, 정서적인 성적 발달을 이루게 되고 성에 대한 호기심이 강해지는데, 신체 변화는 급속히 일어나고 개인차와 남녀의 차이가 크기 때문에 변화를 경험하는 청소년들은 매우 당황하고 불안해하며, 심리·사회적 발달에 어려움을 겪을 수 있다. 성적 욕구를 민감하게 느끼는 시기이지만 이를 자연스럽게 해결하는 방법을 모르고 있다. 이들은 자신의 신체를 정확히 알지 못하고 자신의 몸의 주인으로서의 주인의식도 부족하고 관심이 많은 이성에 대해서도 상상을 통해 호기심과 욕구를 부풀릴 뿐, 우리나라의 현실에서 이성과 자유롭게 어울릴 수 있는 기회가 없는 실정이다. 따라서 이들에게 적절한 교육 등이 절실히 필요하다고 할 것이다. 그러나 지금까지의 성관련 교육들이 청소년들에게 얼마나 현실적으로 도움이 될지에 대해서는 의문을 갖게 된다. 필자가 성교육을 하려고 자료를 찾아보고 나서 이런 생각은 더욱 짙어졌다. 1970년대까지 성교육은 '순결'을 강조하는 데 역점을 두었고 그나마도 2000년대가 되어서야 비로소 성과 관련된 포괄적인 내용들을 다루고 있다. 아직까지도 우리나라의 성교육은 대부분 여성과 남성이 만나서 임신이 어떻게 되는지 피임은 어떻게 하는지 생물학적 지식을 전달하는 것에 초점을 맞추고 있다. 성이라는 것이 그저 즐기고 마는 어떤 행위가 아닌 사랑하는 사람들끼니 나누는 일종의 언어라는 것을 이해하고 건강하게 사랑하는 사람들이 관계하고 사랑을 나누며 그 결과에 대해 어떻게 책임을 져야하는지에 대한 내용은 거의 전무하다고 볼 수 있다.

미국의 경우에도 1980년대까지 해온, 성에 대한 금지를 하는 내용만으로는 효과가 없음을 인정하고 안전한 성생활과 임신과 출산에 대한 교육으로 전환되었다는 것은 시사하는 바가 크다. 영화 <러브, 로지>를 보면서 가장 부러웠던 것은 아이들이 아주 어린 시기부터 남자 친구나 여자 친구를 집으로 데리고 와서 자신의 방에서 같이 시간을 보내는 것을 부모들이 전혀 이상하게 생각하지 않는다는 것이다. 오히려 그들의 프라이버시를 존중해 주고 심지어 딸이 임신을 했을 때도 당황하지 않고 축하해 주며 엄마가 되어 아이를 키우는데 적극적인 조력을 한다. 우리나라의 현실과는 너무 다르고 특히 십대에 원치 않는 임신을 하고 미혼모로 살아가는 우리 나라의 현실은 너무나도 고통스럽다는 것을 비교해 볼 때 우리에게도 인식의 변화가 분명히 필요하다.

청소년은 우리의 미래이다. 따라서 이들이 신체적, 심리적으로, 또한 성적으로도 보호받으면서 귀하게 자라야 할 권리가 있고 그들을 안전하게 성숙한 성인으로 자라게 할 의무는 우리 어른들에게 있다는 것을 잊어서는 안 된다.

우리 아이가 음란물에 노출되었다면?

요즘에는 초등학생들부터 음란물에 노출되어 그 상황이 매우 심각한 상황이다. 그러나 부모님들은 우리 아이들은 그렇지 않을 것이라고 막연히 믿고 있는 경우가 많다.

우리 아이도 충분히 가능성이 있다고 생각하시는 것이 좋을 것 같다. 오히려 자연스럽게 부모님이 먼저 음란물을 본 경험을 말하면서 아이에게도 이야기를 하는 것도 좋은 방법이다. 물론 아이들은 보지 않았다고 할 것이지만, 예를 들어 우연히 인터넷 검색을 하다가 이상한 사이트에 들어가게 됐는데, 깜짝 놀랐다면서 그런데 그런 영상은 현실과는 많이 다르다는 것을 인지 시켜줄 필요가 있다. 그리고 유해한 음란물을 차단하기 위해 스마트폰 등을 적정 시간 이용하도록 하고 다양한 분야에 관심을 갖도록 하는 것이 필요하다.

그리고 아이들의 성에 대한 왜곡된 인식을 바로잡기 위한 성교육이 필요한데 우리 부모 세대들도 제대로 된 성교육을 받은 적이 없기 때문에 아이들에게 어떤 식으로 교육을 해야할지 난감할 때가 많을 것이다. 도움이 필요하다면, 아래 사이트를 이용해 보시기 바란다.

PART 06

가족이 뭐 길래

01 킬링 디어 / 길버트 그레이프
가족이라는 이름으로…

02 케빈에 대하여
엄마가 된다는 것은…

03 몬스터 콜 / 사도
난 더 이상 어린아이가 아니에요!

01

킬링 디어(2018) / 길버트 그레이프(1994)

The Killing of a Sacred Deer / What's Eating Gilbert Grape

"가족이란 이름으로…"

킬링 디어(2018) *The Killing of a Sacred Deer*

2018. 07. 12. 개봉
(감독) 요르고스 란티모스
(주연) 콜린 파렐,
니콜 키드먼,
배리 케오간

등장 인물

콜린 파렐 (스티븐 역)
니콜 키드먼 (안나 역)
배리 케오간 (마틴 역)
래피 캐시디 (킴 역)
서니 설직 (밥 역)

줄거리

이 이야기는 트로이아 전쟁으로 거슬러 올라간다. 트로이아 전쟁은 아름다운 스파르타 왕비를 꾀어간 트로이아 왕자 파리스와 그 조국을 응징하기 위한 전쟁이다. 트로이아를 치기 위해 편성된 총사령관은 뮈케나이 왕 아가멤논이다. 그는 2년에 걸쳐 그리스 각지의 군사와 함대를 아울리스 항에 집결시키고 출범할 날을 기다렸으나 바람이 불지 않았고 돌림병마저 돌았다. 아가멤논은 점쟁이 칼카스를 불러 점을 쳐보았는데 그를 통해 들은 이야기는 그가 얼마 전 죽인 사슴이 실은 아르테미스 여신에게 바쳐진 사슴이라는 것이다. 그 여신의 분노를 풀기 위해서는 처녀를 제물로 바쳐야 하며 그 제물은 사슴을 죽인 장본인의 딸이어야 한다는 것었다. 고민 끝에 아가멤논은 세 딸 중의 하나인 이피게네이아를 바치기로 결심한다. 이피게네이아는 자신의 끔찍한 운명을 전혀 눈치 채지 못하고 아킬레우스와 혼인을 시키기 위해 자신을 아버지가 부른다는 이야기를 듣고 아울리우스로 오게 된다.[1]

위의 이야기는 그리스 로마 신화에 등장하는 아가멤논의 딸 이피게네이아의 이야기이다. 왜 이 이야기를 하냐면, 영화 <킬링 디어>에 나오는 이야기가 바로 이 신화에서 모티브를 가져왔기 때문이다.

위의 신화에서 아가멤논은 우연히 사슴 한 마리를 죽인다. 그리고 그 결과로 엄청난 대가를 치르게 된다. 자신의 딸 중 하나를 제물로 바쳐야 하는 상황에 봉착하게 된 것이다. 셋 중에 누구를 선택해야 할까… 어이없게도 이 영화는 이 상황을 그대로 재현한다.

1) 이윤기(2002), 이윤기의 그리스 로마 신화, 웅진닷컴.

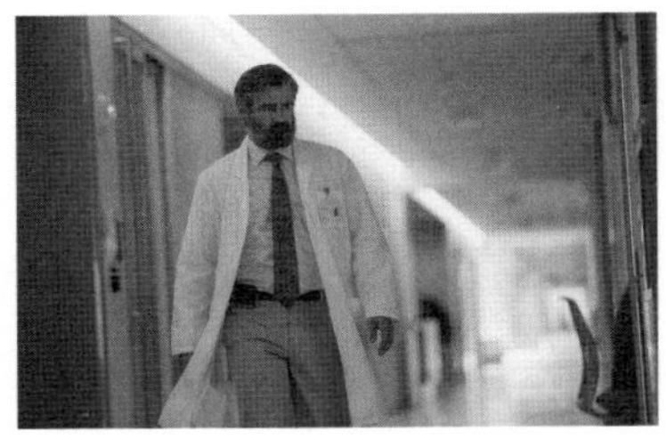

영화 <킬링 디어>에서는 성공한 외과 의사가 등장한다. 좋은 집에 세련된 부인 그리고 예쁜 아이들까지 모두 갖춘 완벽한 그에게 인생 최대의 위기가 닥친다.

그가 만나고 있는 마틴이라는 소년이 있다. 그는 마틴에게 고급 시계를 선물하고 집에 초대하기까지 한다. 어딘지 모르게 미스테리한 이 소년과 스티븐의 관계가 어쩐지 부자연스러워 보인다. 그도 그럴 것이 스티븐이 수술하다 의료 사고로 죽은 남자의 아이가 바로 이 마틴이기 때문이다. 그러나 그는 이러한 사실은 숨긴 채 겉으로는 마틴을 위하는 척 할 뿐이다. 그런 마틴은 스티븐에게 감사 표현을 하면서 자신의 집으로 스티븐을 초대하는데 스티븐과 자신을 엮으려는 속내가 의심스럽다. 스티븐은 그런 마틴과 그의 어머니를 뿌리치고 돌아서지만 마틴은 집요하게 스티븐을 찾는다.

그리고 얼마후 스티븐의 아이들이 하나씩 쓰러지게 된다. 원인 불명의 사지 마비 현상과 거식증 증세가 나타나면서 스티븐은 혼란에 빠지는데, 그 즈음 마틴이 그를 찾아와 한 말이 그를 더욱 불안하게 만든다.

"당신이 우리 아버지를 죽였으니 당신의 가족 중 누군가가 죽는 것이 공평하겠죠. 당신의 아이들이 먼저 사지가 마비되고 거식증 증세가 나타나고 종국에는 눈에서 피를 흘리며 죽을 거예요. 둘 중 하나를 당신이 선택해서 죽이지 않으면 모두 죽어요!"

그러나 신기하게 그의 말대로 아이들은 걷지도 먹지도 못하는 상태가 되었다. 이게 사실이라면 도대체 마틴이 아이들에게 무슨 짓이라도 한 것일까? 나는 이 영화를 보면서 혹시라도 내가 보지 못한 장면이 있는 것은 아닌지 영화를 수차례 돌려 보았지만 마틴이 복수를 위해 뚜렷히 한 행동은 없었다. 그저 그의 저주 또는 예언만이 있었을 뿐이다. 복수극이라고 하기에는 뭔가 이상하다. 다른 무언가가 존재한다는 것을 영화 후반부쯤에 가서 알게 되었다. 이 영화는 신화 속 이야기와 마찬가지로 단순한 복수에 초점이 있지 않았다. 아가멤논이 여신의 사슴을 죽인 대가로 자신의 딸 중 하나를 선택해야했듯이 스티븐도 자신의 자식 둘 중 하나를 죽여야 하는 기로에 놓여 있었던 것이다.

즉, 복수라는 것은 이야기의 시작에 불과했고 중요한 것은 가족 내에서 일어날 수 있는 가장 참혹한 이야기를 다루고 있는 것이었다. 아비가 자신의 손으로 자식을 죽여야만 하는 끔찍하고 무서운 스토리였다.

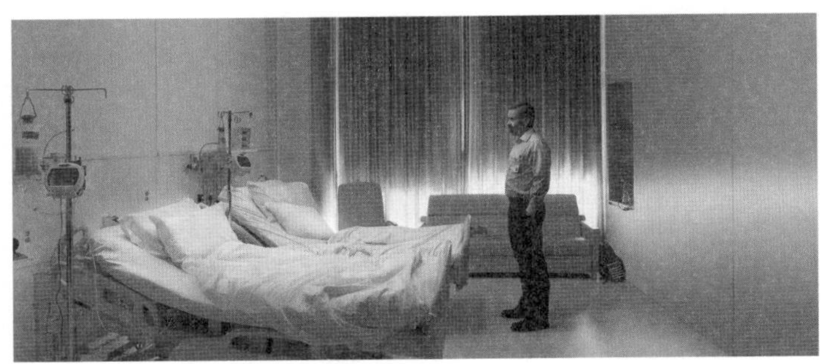

그렇다면 왜 영화의 모티브를 신화에서 가져왔을까?

"지금까지의 연구에 따르면 신화는 과학적 관심을 채워 주는 설명이 아니라 원초적 현실을 이야기로 재현해서 깊은 종교적 욕구와 도덕적 갈망을 채워 준다브로니슬라브 말리노프스키."

신화는 의미 없는 세계에서 의미를 만들어내는 방법이다. 신화는 우리 실존에 의미를 부여하는 이야기 방식이다. 즉, 신화는 우리가 실존의 의미와 중요성을 발견하는 방식이다. 그런 면에서 신화는 밖으로 드러나지 않지만 집을 지탱시켜서 그 안에 사람이 살게 해주는 들보와 같다. 사실 현대 심리학은 신화가 무너지면서 탄생하고 확산되었다.[2] 즉, 신화를 세상에 존재하지 않는 허구로 받아들여서는 곤란하다. 신화가 갖는 메타포은유는 우리가 겉으로 드러내기 어려운 그 이면의 어두운 그림자와도 같다. 따라서 이 영화가 우리에

2) 롤로메이/신장근 역(2016), 신화를 찾는 인간, 문예출판사.

게 시사하는 것은 실제로 존재하지만 겉으로 드러내기 불편한 진실에 대한 이야기이다.

과학이 존재하지 않았던 시절에 가뭄이 들거나 전염병으로 사람이 죽어가면 그 원인을 밝혀내지 못하였기 때문에 나름의 설명이나 해석이 필요했고 그래서 사람들은 신적인 존재가 있어서 인간의 잘못을 단죄하는 것이라 믿었을 수 있다. 그리고 누군가를 희생양으로 만들어 바치면 그 분노를 잠재울 수 있을 것이라 생각을 했을 수 있다. 대부분의 제물이 힘없는 동물이나 어린아이 또는 젊은 여성이었다는 것만 봐도 사람들에게는 어떤 문제가 생겼을 때 그 원인, 즉 탓을 누군가에게 돌리고 그 대상을 제거함으로써 안도감을 갖고자 했던 인간의 이기심을 엿볼 수 있다. 그러나 실질적으로 그런 행위는 문제해결에는 아무런 도움이 되지 못한다. 바람이 불지 않거나 병사들이 전염병으로 죽어간 것은 사슴을 죽였기 때문이 아닌 것처럼, 스티븐의 아이들이 죽어가는 것도 마틴의 저주 때문이 아니라 우연의 일치였을 뿐이다. 그러나 결국 스티븐은 중대 결심을 한다.

몇 년 전 모 지역의 아동 토막 살인 사건이 큰 이슈가 된 적이 있었다. 폭력과 학대로 인해 죽은 아이의 시신을 훼손한 후 유기한 사건이었다. 그러나 더 충격적인 사실은 그 아이를 죽인 당사자가 다름 아닌 친부였고 아이의 시신을 유기한 것을 도운 것도 아이의 친모였다는 것이었다. 죽은지 3년이 지난 시점에서 학교에 등교하지 않던 방치된 아이들을 찾던 중 알게 된 끔찍한 범죄는 전 국민을 충격 속으로 몰아넣었다. 그저 평범하게만 보였던 이웃이었던 그들이 자신의 아이가 말을 잘 듣지 않는다는 이유로 때리고 방치하다가 죽음으로 몰고 갔고 자신들의 범죄를 숨기기 위해 아이의 시신을 훼손까지 했다는 것은 상상하기 어려운 일이었기 때문이었다.

어떻게 부모가 자식을 그것도 그렇게까지 해서… 사람들은 말을 잇지 못했다. 그리고 그들을 사이코 패스니 반사회성 인격장애자니 하면서 우리와 전혀 다른 인종으로 분류하려고 하기도 했다. 그러나 그들은 두 아이의 부모였고 평범한 삶을 사는 사람들이었다. 그리고 어이가 없었던 것은 죽은 아이는 남자아이였고 그 밑으로 여자아이가 있었는데 이 아이는 끔찍이 여겼다는 사실이다. 같은 자식인데 이게 가능한 말인가 하고 의문을 갖을 수 있다. 왜 이런 일이 일어날 수 있었을까.

여러 가지 추측을 할 수 있겠지만 이들에게 아들은 일종의 골칫거리였을 가능성이 크다. 말을 잘 안 듣고 순순하게 따라오지 않는 아들을 자신의 가족의 일원으로 받아들이지 않고 없어져 버렸으면 하는 대상으로 생각했을 가능성이 있다. 가족 내 역동을 들여다보면 이런 경우는 심심치 않게 발견된다. 가장 힘없고 약한 존재가 주로 그 대상이 되는데 가정의 평화 또는 가족의 붕괴를 막기 위한 구실로 누군가를 희생양으로 만드는 것이다. 예를 들어, 부부 사이가 좋지 않은 경우 대게는 아이들의 문제에 집중함으로써 두 사람 간 갈등을 회피하는 경우가 있는데 부인에게 있는 불만을 화가 나면 자신의 아이들에게 푸는 경우가 그러하다. 아이들은 아버지의 폭력에 시달리지만 이상하게도 엄마는 아이를 방치한다. 왜 가만히 있었냐 또는 왜 이혼하지 않았느냐고 물으면 자신은 때리지 않았기 때문이라고 말하는 경우를 본 적이 있다. 아이가 방패막이 역할을 해준 셈이다. 그러면서 한편으로는 가정을 지키기 위해서는 어쩔 수 없었다고 항변한다. 가정을 지키기 위해서라는 그 구실이 너무 비열하지 않은가. 무얼 위해 가정을 지킨다는 건지. 이런 상황은 흔히 문제가 발생했을 경우 더욱 심각해지기 마련이다. 그러나 문제는 이미 그 이전부터 시작되고 있었다.

영화 <킬링 디어>에서도 이런 점을 지적하고 있는 것 같다. 문제가 발생하자 스티븐과 그의 아내는 결단을 내린다. 늦은 밤 침실에서 "우린 아직 젊으니까 아이는 또 낳을 수 있어!"라는 말이 충격적이다. 자신의 동생에게 "니가 죽으면 니 물건 내가 써도 돼?"라고 묻는 누나는 아버지에게 자신을 죽일 수 있는 건 아버지뿐이라며 눈물로 호소한다. 아이들의 학교를 찾아가 학교 선생님으로부터 자신의 아이들에 대해 이야기를 듣는 스티븐. 그리고 선택은 끝났다.

아들의 눈에서 피가 흐르자 스티븐은 가족들을 거실로 모이게 한 후 모두 얼굴을 가리고 자신의 눈도 가린채 총을 들고 돌기 시작한다. 총성이 울리고 누군가 총에 맞기 전까지 그는 같은 행위를 반복할 것이다. 몇 번의 실패 끝에 결국 누군가가 총에 맞았다. 바로 그의 아들. 자신을 보호할 아무런 힘도, 방법도 없는 무력한 아이가 희생된 것이다. 그들은 그 아이를 희생한 대가로 살아남는다. 그리고 그들은 그렇게 말하고 있는 듯하다. '어쩔 수 없는 선택이었어!'라고.

그러나 영화는 다시 되묻는다. '그게 과연 최선이었을까?'

가족의 이름으로 희생을 강요하는 또 다른 영화가 있다. 바로 영화 <길버트 그레이프>이다.

길버트 그레이프(1994) *What's Eating Gilbert Grape*

1994. 06. 11. 개봉
2015. 11. 05 (재개봉)
(감독) 라세 할스트롬
(주연) 조니 뎁, 줄리엣 루이스,
레오나르도 디카프리오

길버트 그레이트의 원제는 'What's Eating Gilbert Grape'이다. 직역하면 '길버트를 먹는 것이 무엇인가?'하는 것이다. 사람을 먹다니? 무슨 호러 장르 얘긴가 싶지만, 영어 'eat'은 먹다라는 의미 이외에 '괴롭히다'라는 뜻도 있다고 한다. 우리나라 말에도 '먹이다 또는 먹히다'라는 표현이 있는데 약자를 괴롭히는 용어로 사용되기도 하는데, 이런 맥락으로 이해하면 좋을 것 같다. 그렇다면 길버트를 괴롭히는 것이 무엇일까?

등장인물

조니 뎁
(길버트 그레이프 역)

레오나르도
디카프리오
(어니 그레이프 역)

메리 스틴버겐
(베티 카버 역)

달렌 케이츠
(보니 그레이프 역)

줄리엣 루이스
(베키 역)

인구 천여 명 남짓 사는 아이오아주 '엔도라'에 사는 길버트 그레이프이하 '길버트'가 있다. '엔도라'는 얼마나 작은 마을인지 검색조차 되지 않는다. 길버트는 식료품 가게의 점원이다. 그에게는 아버지가 갑자기 목 매달아 자살한 이후의 충격으로 인해 몸무게가 500파운드가 나가는 어머니, 지적 장애인 동생 어니, 34살의 누나, 16살 여동생 엘렌이 있다. 이쯤해서 그를 괴롭히는 그의 골칫거리가 무엇인지 짐작할 수 있을 것이다.

틈만 나면 높은 곳으로 올라가는 등의 문제를 일으키는 동생 어니, 동네 사람들의 구경거리가 되어버린 초고도 비만의 어머니, 사춘기에 접어든 여동생 등은 그를 갉아먹는 골칫거리가 되어버린다. 매일 반복되는 고된 생활에서 길버트는 탈출을 꿈꾸지만 책임감이 그를 무겁게 짓누른다. 그러면서 한편 동네 주민인 카버 부인과 불륜 관계를 가진다. 그에게 그녀와의 만남은 아찔한 스릴을 주면서 잠시 잠깐의 일탈을 통해 만족을 갖는 것처럼 보인다. 그러던 와중 길버트는 캠핑족 소녀 베키를 만나게 되면서 그의 삶도 변화가 생기기 시작한다.

길버트 이야기

길버트는 아버지 대신 가장의 역할을 충실히 한다. 이십대 중반쯤으로 보이는 길버트는 삼십대의 누나와 함께 초고도 비만의 엄마와 지적 장애의 남동생과 사춘기에 접어든 동생까지 돌봐야 한다. 사는 게 사는 게 아니다. 자신의 미래를 위해 공부하고 신나게 연애하고 재미있어야 할 그의 이십대는 가족을 부양해야 한다는 책임감으로 무겁기만 하다. 그가 유부녀와 밀회를 갖는 것은 그런 맥락에서 이해해야 한다.

사랑받고 존중받으며 즐겁고 행복해야 할 그의 유년기는 상실되었기 때문에 어른이 되어서도 그 시절의 놀이 시간을 가지면 스스로를 어른으로 여기는데 갈등을 겪는다. 유년기에 해결되지 않은 문제가 자신을 괴롭히기 때문이다. 이를 '성인 아이'라고 한다.

성인 아이는 가정의 기능을 정상적으로 발휘하지 못하는 가정 환경에서 성장하여 자신을 어른으로 여기는데 갈등을 겪어 어린 시절의 고통 속에 갇혀 부모에게 의존되어 있거나 달아나려고 하는 경향을 보이며, 정상적인 것에 대해서 확신을 가지지 못하고 여러 가지 면에서 여전히 아이 상태에 있으며 감정과 행동 중에 많은 부분 유년기의 흔적을 나타나게 된다. 이들의 특징으로는 낮은 자존감, 분노감과 수치심, 충동성, 완벽주의, 친밀한 관계에 대한 두려움, 불신감 등이 있다.

가정은 모든 생활의 기초이며 시작인 동시에 풍성한 삶의 원천이다. 그러나 건강하지 못한 가정은 개개인을 얽매이게 하는 족쇄로 작용하는 경우가 종종 있다.

길버트에게 가정이란 모든 걸 책임지고 희생해야하는 대상일 뿐이다. 우울증으로 무기력한 엄마는 모든 것을 자식인 길버트와 첫째 딸에게 의존하고 정신 지체인 어니만 감싸고돈다. 그리고 실제로 어니를 돌보는 것은 길버트의 몫이다. 게다가 막내 동생마저도 사춘기가 되면서 반항적으로 나온다. 길버트는 누나가 있지만 집안에서는 사실상 맏이이면서 가장이다.

출생순위가 이들의 행동에 영향을 미쳤을까?

심리학자 아들러는 출생순위가 성격에 영향을 미친다고 보았다. 맏이, 중간, 막내는 각각의 위치에서 인생을 살아간다. 맏이는 동생이 생기면서 부모의 관심과 애정을 빼앗기지만 동생 앞에서는 우월감과 함께 책임감을 느낀다. 중간은 맏이나 막내와 같은 특권이 없기 때문에 부모의 관심과 애정을 쟁취하려고 한다. 막내는 부모와 형제가 모두 자기보다 크고 강하기 때문에 일종의 열등감을 느낄 수 있다고 하였다. 그러나 출생순위가 항상 효과가 있는 것은 아니다. 부모의 양육 방식과 가정 분위기 등 다양한 요소가 성격에 영향을 미치는데 나이 차가 너무 클 경우 각자 자라기 때문에 외동과 비슷하고 성별로 영향을 미치는데 우리나라의 경우 아들을 낳기 위해 딸을 낳다가 마지막에 아들을 낳는 경우가 있는데 이런 경우 아들은 막내지만 장남으로서의 역할도 부여 받는다. 중요한 것은 출생순위가 아니라 부모가 어떤 식으로 자녀들을 대하는가이다. 예를 들어, "너는 우리 집의 기둥이다"라는 식으로 부담을 주거나 '맏딸은 살림 밑천' 등의 사고방식으로 일방적인 희생을 강요해서는 안 된다.

그리고 가장 나쁜 것은 부모와 자녀 관계가 뒤바뀐 것이다. 앞서 말한 성인 아이는 어려서 여러 원인으로 부모가 부모 역할을 하지 못함으로서 어른 역할을 떠맡게 됨으로서 그들에게 어린 시절은 상실된다. 그들은 어려서는 어른처럼 행동하게 되고 성인이 되서는 어려서 해결되지 않은 문제 때문에 어려움을 겪는다. 왜냐하면 그들의 놀이는 끝나지 않았기 때문이다. 따라서 아이가 나이에 맞지 않게 행동하는 것을 격려하거나 칭찬해서는 안 된다. 부모는 부모로서 기능하고 아이는 아이답게 자랄 권리가 있다. 이런 가정을 역기능적 가정이라고 하는데, 길버트 그레이프의 가족들의 역동을 살펴보면 가족 구성원들이 모두 자신의 원래의 지위를 상실하거나 다른 역할을 떠안음으로써 매우 역기능적으로 작용하고 있다. 이들 모두가 각자의 자리로 돌아가도록 도울 필요가 있다.

영화에서 길버트는 불륜을 끝내고 새로운 사랑에 돌입한다. 그는 수줍고 수동적인 성격으로 나오는데, 실제로 그는 따뜻하고 온화한 성격이었을 것이다. 그렇기 때문에 자신에게 주어진 책임을 다하려고 했을 뿐이다. 그러나 새로운 사랑이 마음속에 깃들면서 무언가 잘못되었다는 것을 느낀다. 누군가를 사랑한다는 것은 단순히 희생하는 것이 아니라, 사랑은 주고받는 것임으로 특별한 능력이 필요하다. 그의 변화는 가족들에게도 변화를 주는데, 가장 큰 변화는 길버트의 엄마에게 온다. 그녀는 자신이 자녀들에게 부담이 되고 있다는 것을 알고 죽음을 맞이한다. 거구의 그녀가 갑자기 계단을 오르는데, 아마도 심장에 큰 무리를 주었을 것이다. 자식들은 엄마의 죽음을 슬퍼하며 다른 사람들의 구경거리가 되지 않도록 짐을 옮기고 집을 불태운다. 죽음과 불꽃은 새로운 시작을 상징하기도 한다. 엄마는 죽음으로서 자녀들에게 새로운 삶을 준 것이라고 볼 수 있다.

'어니'는 왜 높은 곳에 올라가기를 즐겼을까?

어니는 종종 높은 곳에 올라가 경찰들이 출동하게 만든다. 그러면 길버트는 열일을 마다하고 나타나 어니를 안전하게 보호한다. 어니가 원래 높은 곳을 좋아하고 위험을 즐기는 성향을 갖고 있는 것인지 여부는 불분명하지만, 나무 위에 올라가거나 지붕 위에 올라가는 것으로 보아서는 그런 경향성이 있을 수는 있다. 그러나 어니에게 유일한 놀이는 숨박꼭질을 즐기는 것이다. 자신이 가장 좋아하는 형이 어니가 어디갔지? 하며 자신을 찾아다니면 어니는 짠하고 그의 앞에 나타난다. 즉, 관심을 끌기 위한 행동일 수 있다는 것이다. 어니가 인지기능이 낮은 수준이긴 하지만, 그렇다고 모든 것을 다 해주는 것은 어니에게도 좋지 못하다. 어니가 제대로 된 교육과 치료를 받았더라면, 아마도 지금보다는 훨씬 더 좋은 기능을 발휘할 수 있었을 것이다. 그러나 가족들 모두 어니를 어린아이 취급함으로써 사실상 막내인 여동생은 막내로서의 특권을 상실한다.

엄마는 왜 500킬로그램의 거구가 되었을까?

길버트 그레이프의 엄마는 아빠가 자살한 후 엄청난 뚱보가 되어버려 동네 구경거리가 되어버린다. 그리고 부모로서의 역할을 할 수 없는 지경에 이른다. 오히려 길버트와 큰딸의 조력 없이는 살아갈 수 없는 무기력한 존재가 되어 버린다. 길버트 엄마와 같은 초고도 비만의 경우는 거의 질병에 가깝다. 비만은 그 자체로만 정신장애에 포함되지는 않는다. 그 이유는 정신적이고 심리적인 원인 이외에 유전적이고 신체적인 측면이 고려되었기 때문이라고는 하지만, 이 비만이 다른 정신질환과 공존하기 때문에 이런 분류는 의미가 없다. 실제로 길버트 엄마는 심각한 우울증에 시달린다. 그렇게 그녀는 남편이 상실됨으로서 자기에게 부과된 부담을 신체적인 문제비만로 돌림으로서 회피한 것일 수 있다. 이를 '신체화'라고 하는데, 길버트의 가출로 인해 그녀는 엄마로서의 역할, 즉 모성을 다시 회복한다.

최근 모 방송국의 '마더'라는 드라마에 이런 대사가 나온다. "너는 더 이상 나에게 속해 있지 않아. 자유롭게 날아가!" 암에 걸린 엄마가 딸의 행복을 바라며 한 말이다. 길버트의 엄마도 이런 생각을 하지 않았을까…

02

케빈에 대하여(2012)

We Need to Talk About Kevin

"엄마가 된다는 것은…"

케빈에 대하여(2012) *We Need to Talk About Kevin*

2012. 07. 06. 개봉
(감독) 린 램지
(출연) 틸다 스윈튼,
에즈라 밀러

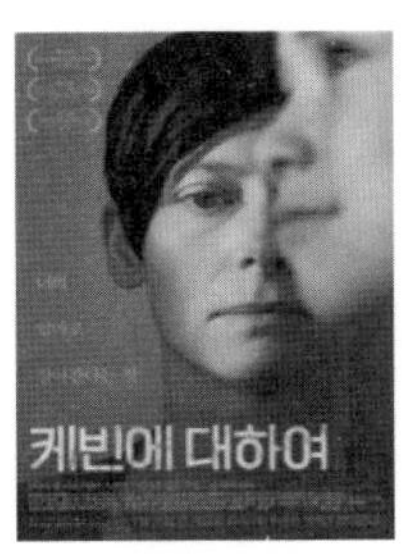

등장인물

틸다 스윈튼
(에바 역)

에즈라 밀러
(케빈 역)

줄거리

자유로운 삶을 즐기던 에바틸다 스윈튼는 사랑에 빠지면서 아이를 임신하게 된다. 준비되지 않은 그녀에게 엄마가 된다는 것은 힘들기만 하다. 아들 케빈은 자신의 뜻과 달리 어긋나기만 하고 이로 인해 부부 관계도 점점 멀어져간다. 두 사람은 결국 케빈이 17살이 되는 날 헤어지기로 하는데, 케빈은 끔찍한 사고를 일으키고 에바의 삶은 풍비박산이 된다.

수감된 아들 케빈을 찾아가 그녀는 묻는다.

"왜 그랬니?"

영화 <케빈에 대하여>에서는 엇갈린 모자 관계로 인한 비극적인 이야기를 다루고 있다. 이들이 이렇게 된 원인을 거슬러 올라가면, 아마도 에바가 남편을 만나 원치 않는 임신을 하게 된 이후부터

였던 것으로 보인다. 아이를 임신하고 아이를 낳은 과정에서 에바의 모습은 우울하고 무기력하게 보인다. 어느덧 아이는 자라 4살이 되었지만, 말을 전혀 하지 않는다. 그러나 장애가 있는 것은 아니라는 의사의 말이 다행이다 싶으면서도 차라리 장애면 낫지 않을까 하는 심정이 에바의 얼굴에 잠시 스친다.

케빈이 어려서 보여준 이상 행동, 이름을 불러도 쳐다보지 않고 엄마나 다른 사람에게 아무 반응을 보여 주지 않는 것은 반응성 애착장애의 증상과 흡사하다. 에바는 '자폐'를 의심하지만 의사는 자폐가 아니라고 하는데, 보여 지는 증상은 자폐와 유사한 부분이 있으나 그 원인이 다르다. 그리고 그 이후 케빈이 보여준 폭력 행위와 살인 행위는 '품행장애'와 흡사하다. 중요한 사실은 어렸을 때 주 양육자와의 애착의 질이 이후 삶에 영향을 미친다는 것이다.

모성과 애착에 대하여

모성 원형은 인간의 무의식에 공통적으로 존재하며, 모성은 모든 인간 존재의 신체적, 심리적 근본을 상징하는데 원형은 그리스어로 '최초의 유형'이라는 뜻이며, 집단 무의식의 내용, 이미지로 설명 아이가 성장함에 따라 실제의 어머니로부터 분리되고 의식으로부터 점차 차단되어 무의식에 남아 의식에 제한된 영향을 준다. 그런데 불행하게도 우리나라의 많은 어머니들이 자신의 삶과 자녀의 삶을 분리시키지 못하고 자녀가 성인이 된 이후에도 그녀들의 그늘 아래 두려고 한다는 것이다.

영화를 통해 좀 더 자세히 살펴보도록 하겠다.

마더(2009) *Mother*

2009. 05. 28. 개봉
(감독) 봉준호
(출연) 김혜자, 원빈
엄마(김혜자)는 불법으로 침을 놔주고, 약초나 팔며 근근히 생활을 유지한다. 그에게는 도준(원빈)이라는 아들이 하나 있고 그에게는 지적 장애가 있다. 그런 도준을 엄마는 지극정성으로 돌본다. 다 큰 아들에게 한약을 먹이는 데, 심지어 서서 볼일을 보고 있는 아들에게 약을 먹이고 그 아들이 실례한 것을 엄마는 늘 그랬듯이 수습한다. 그렇게 자신의 인생을 모두 포기하며 자신보다 더 소중하게 키운 아들이 살인자 누명을 쓰게 된다.

영화 속 엄마김혜자는 아들원빈에 대해 거의 맹목적인 모성애를 보여 주고 있다. 아들이 누명을 쓴 것이라고 확신하고 아들의 무죄를 밝히기 위해 수단과 방법을 가리지 않는 모습, 심지어 아들이 살인을 하는 것을 목격한 목격자를 살인하고 범죄를 은폐하기 위해 방화를 하는 모습은 섬뜩하기까지 한다. 이것이 모성인지 광기인지 구별이 가지 않을 정도인데, 진정한 부모의 자식에 대한 사랑이 어떤 것인지에 대해서 우리가 다시 생각해 볼 필요가 있다. 부모가 자녀를 심리적으로 독립시키지 못하고 그런 부모의 보살핌 아래 안전함을 찾는다면, 많은 자녀들이 성인이 된 이후에도 정신적인 미숙아로 살 수밖에 없다는 것을 인지할 필요가 있다.

'세계로서의 모성', 제2의 탄생을 위하여

차이나타운(2015) *Coinlocker Girl*

2015. 04. 29. 개봉
(감독) 한준희
(출연) 김혜수, 김고은, 엄태구
지하철 보관함 10번 칸에 버려진 아이는 한 거지에게 발견되고 그 이후 '10'을 문자 그대로 읽어 이름이 '일영(김고은)'이라 불려진다. 일영은 어느 날 부패한 경찰에 의해 쓸모 있는 자만이 살아남을 수 있는 차이나타운의 대모(김혜수)를 만난다. 부모도 없고 출생 신고도 안 되어 있는 어린아이들을 데리고 와 쓸모 있는 아이들만 자신의 식구로 키우며, 차이나타운을 지배하는 마우희. 그녀는 그녀를 아는 사람들에게 '엄마'로 불린다. 오직 쓸모가 있느냐 없느냐에 따라 사람을 판단하고 돈을 빌려주고 사람의 목숨을 사는 이 여자에게 '엄마'라는 호칭은 참으로 묘하다.

엄마의 자궁은 태아에게는 온전한 하나의 세계이다. 그러나 그 순간은 10개월에 지나지 않는다. 가장 안전한 장소이지만, 10개월이 지나면 태아도 엄마도 위험하기 때문에 태아는 엄마의 자궁에서 세상 속으로 원든 원하지 않든 살기 위해 그곳을 탈출해야 한다. 태어나려는 자는 자신이 속한 세계를 파괴해야 만하는 숙명을 지니는 이유이다.

그런 의미에서 영화 <차이나타운>은 엄마의 자궁과도 같이 은밀하고 보호된 세계이며, 우리의 하늘 아래 같이 존재하면서도 우리의 영향과 상관없이 존재하는 치외 법권하에 있는 묘한 지점을 의미할 수 있다.

마우희김혜수는 우리가 아는 그런 엄마가 아닌 절대 권력을 가진 최고의 권력자로 군림한다. 차이나타운에 등장하는 엄마는 실제 존재하는 모성이 아닌, 하나의 체계 또는 세계로서의 엄마를 의미하며 이 존재는 실제 존재하는 모성과 달리, 냉정하고 냉혹하며 죽음과 같은 어두운 면을 상징하기도 한다.

자신이 죽인 엄마의 제사를 지내는 마우희는 결국 자신을 죽이고 자신의 자리를 대신해 줄 누군가를 기다린다. 여기서 죽음은 종말을 의미하며, 종말은 새로운 시작으로 이어진다. 즉, 새로운 엄마의 등장으로 새로운 세계와 체계의 출발을 의미한다고 볼 수 있다.

그렇다면 다음의 영화를 통해 진정한 모성이 무엇인지, 그리고 그 모성이 결핍되었을 때 어떤 문제가 발생할지 살펴보도록 하겠다.

03

몬스터 콜(2017) / 사도(2015)

A Monster Calls / The Throne

"난 더 이상 어린아이가 아니에요!"

몬스터 콜(2017) *A Monster Calls*

2017. 09. 14. 개봉
(감독) 후안 안토니오 바요나
(주연) 시고니 위버, 펠리시티 존스,
루이스 맥더겔, 리암 니슨

영화 ＜몬스터 콜＞은 '몬스터 콜스'라는 원작을 영화한 작품으로 소년이 엄마로부터 분리하여 성장하여 가는 과정을 그린다. 영화의 주인공 코너는 매일 밤 악몽에 시달리다 잠에서 깬다. 매일 밤 꿈속에서 집이 무너지고 엄마는 늘 땅속으로 떨어지려고 한다. 코

너가 울부짖으며 엄마의 손을 잡고 필사적으로 버텨보지만 엄마는 늘 코너의 손에서 멀어져 버린다.

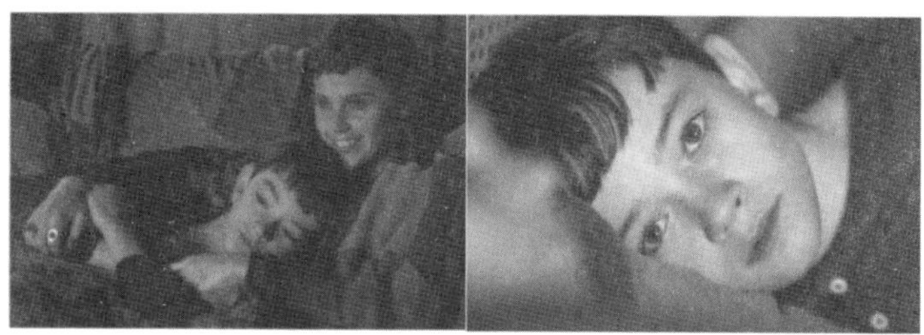

"엄마~" 아이는 놀라 엄마가 잠든 침실 속으로 뛰어들고 그런 코너를 엄마는 안타깝게 쳐다본다. 실은 코너의 엄마는 암으로 투병중이며 하루하루 죽음에 가까워지고 있다. 그러면 안된다고 아이를 돌려보내려 하지만 코너는 아직은 엄마 품이 그리운 아이이다.

내가 경험한 사례에서도 부모의 죽음을 경험한 아이가 있었는데 이 아이에게 집을 그려 보라고 했더니 지붕을 그렸다가 지우고 다시 그리지 않았다. 아이는 충격에 빠져 외상후스트레스 장애의 징후를 보였고 상담이 필요한 상태였다. 아이에게 엄마가 어떤 존재인가. 그런 존재가 없는 집이란 상상할 수 조차 없는 것이다.

그러던 어느 날 밤, 나무 괴물이 코너를 찾아온다. 두려움에 떨고 있는 코너에게

"왜 엄마한테 도와달라고 하지?"라고 비아냥 거리자 코너는 자존심이 상해서

"너 따위는 전혀 두렵지 않아!"라고 소리친다. 그러자 괴물은 코너를 잡아채서 밖으로 데리고 간다. 그리고는 "내가 너에게 세 가지 이야기를 들려줄 거야. 그 이야기를 들은 후 너도 나에게 너의 이야기를 해야 돼"

괴물은 약속대로 세 가지 이야기를 들려준다. 자신의 사랑하는 여인을 죽이고 왕이된 왕자, 자신의 딸들을 위해 신앙을 버린 목사 등 어린 코너에게 받아들이기 쉽지 않은 이야기들이다. 코너는 "그건 나쁜 일이야!"라고 되받아치자, 괴물은 이렇게 말한다.

"세상에는 나쁜 것과 좋은 것만 있는 것은 아니야. 인간은 그 중간 어디쯤에 있지"

아직 어린 코너가 이런 세상의 이치를 이해하기 시작한다면 서서히 어른이 되어가고 있다는 것이다. 영화에서는 어린아이라기에는 크고 어른이라기에는 아직 어린 소년에 대해 이야기한다. 즉, 아이도 어른도 아닌 청소년이 이 시기에 해당한다.

소년은 점점 어른이 되기 위해 혼자 고민하고 세상과 싸우기도 하면서 성숙해 간다. 그리고 그 뒤에 버티고 있는 그 나무 괴물은 소년의 또 다른 자아이다. 융의 설명에 의하면 일종의 '그림자', 즉 우리의 어두운 측면이며 이런 측면까지 잘 통합해야 성숙한 인간으로 거듭날 수 있다.

코너는 마지막 이야기를 듣고 이렇게 말한다.

"엄마가 죽어간다는 사실을 생각하면 마음이 너무 아파. 하지만 매일 엄마가 죽어가는 모습을 지켜보는 것도 너무 힘들어. 이 상황이 끝나버렸으면 좋겠어. 그래서 내가 매일 밤 꿈에서 엄마를 놓치나봐!"

소년은 엄마는 오래 살지 못한다는 것을 알고 있었다. 그러나 어린아이는 이를 감당할 수 없었기에 눈을 감아버린 것이다. 그러나 아이가 소년이 되고 어른이 되어감에 따라 어차피 아이는 엄마로부터 분리를 해야하는 숙명을 갖고 있다. 영화에서 엄마의 죽음은 실존적인 죽음뿐 아니라, 심리적 분리를 상징하는 것이라고도 볼 수 있다.

아이가 엄마와 충분히 애착을 형성했다면 또 다시 아이는 어른이 되어 세상으로 나아갈 준비를 해야하기 때문에 애착과 분리는 필연적인 과제이다. 아이는 이를 받아들이고 엄마는 죽지만 아이는 훌륭히 성장해 가리라는 믿음을 주며 영화는 끝난다. 그러나 이렇게 되기 위해서는 무엇보다 애착이 먼저 잘 형성되어야 한다. 다른 영화 한편을 더 살펴보자.

영화 <사도>는 우리가 잘 알고 있는 영조와 사도 세자 간의 비극적인 이야기를 다룬 영화이다. 이 영화는 정치적인 측면을 배제하고 철저히 가족 간의 문제로 이야기를 초점화한다. 비록 영조가 아들 사도 세자를 뒤주에 가두어 죽도록 했지만, 손자인 정조를 잘 키움으로써 지난 과오를 극복했다고 할 수 있다.

사도(2015) *The Throne*

2015. 09. 16. 개봉
(감독) 이준익
(주연) 송강호, 유아인, 문근영

영화 <사도>를 통해서 본 건강한 부모자녀 관계

부모자녀 관계는 평생에 걸친 애착과 분리의 과정이라고 해도 과언이 아니다. 애착attachment이란 부모-자녀 간 정서적 유대를 말하며 상호성과 상호의존이라는 의미가 있고, 분리separation란 정서적 유대의 단절이 아닌 자녀의 독립을 수용하고 배려하는 성숙한 형태의 유대 관계이다. 이런 애착과 분리의 과정은 인생 초기에 형성된 부모-자녀 간 애착의 질에 따라 많이 좌우되는데, 사도 세자는 상대적으로 안정적인 애착을 형성하지 못한 것으로 보이고 이에 비해 정조는 엄마인 혜경궁 홍씨의 절대적인 비호 아래 안정적인 애착을 형성한 것으로 보인다. 그래서 인지 정조가 할아버지나 아버지, 그 외 다른 사람을 대하는 태도나 상호작용하는 방식이 상당히 안정적이고 성숙되어 있다는 것이 영화를 통해 드러난다.

영조가 어린 정조에게 사도 세자가 자신의 어미인 영빈의 생일을 왕비의 수준으로 한 것에 대해 예법에 맞지 않는 것 아니냐고 묻자, 어린 정조가 이렇게 말한다.

"예법보다 사람이 먼저라고 공자가 말씀하셨습니다. 그리고 저는 그때 아비사도 세자의 마음을 보았습니다"

그렇다면 부모자녀 관계에 있어서 갈등의 원인이 무엇인지 살펴보도록 하겠다.

갈등의 원인과 유형

1) 세대 차이: 필자도 나이가 들어가면서 점점 요즘 10대, 20대들에게 세대 차이를 느낀다. 어쩌면 당연한 것일 수 있다. 흔히 우리 때는 안 그랬는데, 요즘 아이들은… 하는 경우가 많은데, 이는 세대 차이를 스스로 인정하는 것이라고 볼 수 있다. 사회적 환경이 빠르게 변화하고 있고 세대가 다르고 관점이 다를 수 있다는 것을 인정하고 수용해야 소통이 될 수 있을 것이란 생각이 든다. 영화 <사도>에서도 영조가 사도 세자에게 "내가 어렸을 때는 공부하고 싶어도 환경이 안돼서 못했는데, 너는 이렇게 좋은 환경에서 왜 공부를 하지 않느냐"라고 다그치는 장면이 나온다. 예나 지금이나 부모들의 생각은 비슷한 것 같다.

2) 부모의 양육 태도: 부모의 양육 태도에는 권위적민주적, 권위주의적, 허용적, 무관심한 태도로 나뉠 수 있는데, 그중 권위적이면서 민주적인 양육 태도가 가장 바람직한 것으로 알려져 있다.

권위적 양육 태도는 부모가 부모로서의 권위는 가지고 있으면서도 민주적으로 소통할 수 있는 여지를 주는 것이다. 부모는 부모로서, 성인으로서 아직 미성숙한 자녀들을 보호하고 관리할 의무가 있다. 그러면서도 한편으로는 아이들의 이야기를 들어주고 그들의 의견을 존중하면서 대화를 하는 것이 중요하다. 그러나 아이들의 의견을 묵살하고 부모의 뜻만 강요하거나, 지나치게 허용적이거나 무관심한 태도는 모두 바람직한 태도는 아니라고 볼 수 있다. 영조가 사도 세자의 의견을 묵살하고 엄하게만 대하는 장면들이 영화 <사도>에서도 나오는데, 결국 이런 권위주의적이고 일방적인 양육 태도가 이후에 갈등으로 이어지게 된다. 마지막 장면에서 영조가 죽어가는 사도 세자에게 "우리가 왜 이리되었을까?"라고 하자 "언제 내 얘기 한번 들어준 적 있소?"하며 대답한다. 실제로 많은 아이들이 부모님이 어렸을 때부터 자신의 이야기에 귀 기울여 주지 않고 그저 공부만 잘 하면 된다는 식으로 몰아붙이다 보니 어느덧 아이들은 부모와 더 이상 대화하려 하지 않는다는 것을 뒤늦게 알게 되는 경우가 많다.

3) 보호와 독립의 갈등: 부모가 50대가 되면 자녀들의 분리와 독립을 관용하여야 하는 시기로 자녀들이 떠나고 '빈 둥우리 시기'를 맞이하게 되는데, 이 시기에 부모는 보호와 독립이라는 갈등 상황에 놓이게 된다. 부모는 자녀를 기르면서 조금씩 자녀와 분리하고 독립적으로 살아갈 수 있도록 할 필요가 있다. 그러나 최근

우리나라에서는 한두 자녀만 기르다 보니 부모가 지나치게 자녀의 삶에 개입되어 독립성을 해치는 경우가 종종 있는 것 같다.

4) 애착의 질: 청소년기에 부모자녀의 갈등은 어린 시절 애착의 질에서 기인할 수 있기 때문에 어려서부터 아이들과 소통하려고 노력해야 청소년기에 상대적으로 갈등을 덜 일으킬 수 있다. 영화 <사도>에서도 사도는 불안정한 애착을 형성하며 이후에도 불안정한 언행을 보여 주는데, 상대적으로 안정적인 애착을 형성한 것으로 보이는 정조는 어려운 상황에서도 침착하게 대처하며 원만한 대인관계를 유지하는 것을 보여 준다. 어린 시절의 애착의 질이 결정적인 것은 아니지만, 이후 대인관계에 영향을 미치기 때문에 어려서부터 부모들은 아이들과 소통하려는 노력을 기울여야 할 것으로 보인다.

건강한 부모자녀 관계를 위한 의사소통 방법

● 경청하기

경청이란 상대방이 하는 말은 물론, 그의 얼굴 표정, 제스처 속에 숨겨져 있는 주요한 감정이나 생각을 민감하게 알아차리는 것으로 경청에는 수동적 경청, 적극적 경청, 반영적 경청이 있다

◎ 효과적인 의사소통 방법 배우기

• 너 – 전달법

너를 주어로 '너는 ~하다' '너는 게으르다'는 식으로 상대방을 비난하거나 판단하는 메시지를 주로 전달하기 때문에 갈등이 발생하고 이런 메시지를 들은 상대방은 불쾌감을 느끼게 됨.

예) 스마트폰 게임을 하고 있는 자신에게 엄마가 "넌 생각이 있냐? 내일 시험인데…"라고 말하는 것을 듣고 ➜ "엄마가 뭘 안다고 그래? 엄마는 알지도 못하면서 나만 가지고 뭐라고 해, 엄마는 너무 ○○○이야!"

• 나 – 전달법

나를 주어로 '나는 너의~ (행동) 때문에 기분이 ~다'라는 식으로 문제 상황을 있는 그대로 설명하고 그에 대한 자신의 느낌을 말하는 것으로 상대를 비난하지 않고 자신의 느낌을 전달하기 때문에 상대방에게 불쾌감을 덜 주면서 자신의 생각과 느낌을 전달하고 구체적으로 설명하기 때문에 그 문제 상황을 상대방이 인지하고 받아들이기가 쉽다는 장점이 있음.

예) 스마트폰 게임을 하고 있는 자신에게 엄마가 "넌 생각이 있냐? 내일 시험인데…"라고 말하는 것을 듣고 ➜ "게임을 한 게 아니고 인터넷 검색해서 단어 찾고 있었는데, 엄마가 나한테 물어보지도 않고 갑자기 화를 내서 놀랐고, 나도 기분이 나쁜데…"

PART 07

역기능적 신념 또는 사고 바꾸기

01 아이 필 프리티
예쁘지 않아도 괜찮아. 나는 소중하니까!

02 프리 라이터스 다이어리
모든 사람들은 나보다 행복할까?(글쓰기, 독서 치료)

01

아이 필 프리티(2018)

I Feel PRETTY

"예쁘지 않아도 괜찮아. 나는 소중하니까!"

아이 필 프리티(2018) *I Feel PRETTY*

2018. 06. 06. 개봉
(감독) 애비 콘, 마크 실버스테인
(주연) 에이미 슈머,
미셸 윌리엄스

얼마 전 염색을 하기 위해 미용실을 찾았다. 염색을 하고 머리를 다듬는 것을 기다리고 있는데 미용사가 문득 이런 말을 한다.

"젊으셨을 때는 예쁘셨겠어요"

"네? 젊을 때요?"

그러자 "아… 20대 때요… 지금도 조금만 가꾸시면…"

순간 나는 당황했다. 예쁘다는 말에 무조건 감사의 표시를 해야 하나, 늙었다는 말에 불쾌감을 표해야 하나? 나는 어느 것도 결정할 수 없었기에 침묵으로 응수했다.

결국 나는 그의 말에 불쾌함을 표현한 것이 되어버렸다. 머릿속에서 계속 이런 생각이 떠올랐다. 왜 저 사람이 나의 외모를 평가하는가? 그리고 왜 나에게 외모를 가꾸라고 충고하는가에 대해 생각하면 생각할수록 화가 나서 다시는 그곳에 가지 않기로 결정했다. 그리고 다음에 누군가가 비슷한 이야기를 하면 이렇게 말해 주련다.

"저는 지금 지금 이대로 충분히 좋습니다. 신경 써 주신 건 감사하지만, 충고는 사양할게요."

여자에게 외모가 얼마나 중요한 잣대인지를 극명하게 보여 주는 현실이다. 다시 묻고 싶다. 여성은 아름다워야 하는가? 요즘 여성들에겐 중요한 물음이 될 수 있다. 외모가 중요하지 않다고 할 순 없지만, 어떤 경우에도 외모가 전부일 수 없다. 외모가 중요한 사람들은 연예인이나 모델이나 사람을 많이 만나는 서비스업 등 적어도 외모로 승부를 봐야 하는 사람들이고 그 밖에 나와 같은 사람들에게 외모는 덤이다. 예쁘거나 잘생기면 더 좋은 것이지 그것이 필수불가결한 조건은 아니라는 얘기다. 그럼에도 불구하고 많은 여전히 여성들은 그들의 외모에 집중한다. 상대적으로 직업이나 성격 등 외모 이외의 다른 조건들에 의해 평가받는 남성들에 비해 아직은 열악한 여성의 사회적 위치를 말해 주는 것 같아 씁쓸하다. 그리고 아직 자신이 누구인지 어떤 능력을 갖추었는지 등이 불분명한 청소년들에게도 외모는 중요한 요소이다. 게다가 이 시기는 시각 정보를 받아들이고 처리하는 대뇌 피질의 두정엽[1]이 활발하게 발달하는 시기이기도 하다. 따라서 당신의 아이가 갑자기 거울을 자주 보고 외모에 신경을 쓰기 시작한다면 사춘기가 시작되었다고 보아도 무방하다. 이 시기에 아이돌과 같은 스타에 열광하는 이유도 여기에 있다.

아무튼 이런 외모 지상주의를 코믹하게 풀어낸 영화 한편이 있다. 영화 <아이 필 프리티>이다.

등장인물

에이미 슈머
(르네 역)

미셸 윌리엄스
(에이버리 역)

로리 스코벨
(에단 역)

에밀리
라타이코프스키
(맬로리 역)

1) 두정엽: 본 책 38쪽 참조.

○ 줄거리

한 여성르네이 헬스클럽 문 앞에 서서 들어가지 않고 주저하고 있다. 차창에 비친 그녀의 모습이 무기력하고 우울해 보인다. 다소 통통한 몸집의 주인공은 차창에 비친 자신의 모습을 보면서 마치 이렇게 말하고 있는 듯 했다.

"아… 너무 뚱뚱하고 못생겼어. 다들 날씬하고 예쁜데… 왜 나만…"

머뭇거리던 그녀가 조심스레 헬스클럽에 들어가 운동을 시작한다. 신나는 음악 소리와 함께 사람들이 자전거 페달을 힘차게 밟기 시작한다. 그녀도 함께 힘을 내서 그들 속에서 살을 빼기 위해 분투한다. 그러다가 자전거가 삐걱대더니 힘없이 넘어지면서 그만 머리를 부딪치고 쓰러진다.

"엇! 이게 누구지?!"

정신을 차리고 보니 락커룸인 그녀는 헬스클럽 관리 직원과 함께 있다. 그녀에게 큰 부상이라도 있을까봐 노심초사하는 직원과 대화 도중 르네는 무심결에 거

울에 비친 자신을 보고 화들짝 놀란다.

'이게 도대체… 누구지?'

몰라보게 달라진 자신의 모습에 스스로 놀라며 말한다.

"예뻐졌어! 와우!"

자신의 얼굴과 몸매를 샅샅이 살피며 감탄하는 르네를 헬스클럽 직원은 이상하게 바라보지만 르네는 진심 자신의 모습에 만족스러운 것 같다. 사실 그녀의 외모는 변하지 않았다. 적어도 화면상으로는. 그런데 르네는 충격 때문인지 자신이 실제로 달라졌다고 믿는다.

그리고 그녀의 태도는 180도로 변화한다. 소심하고 자신감 없던 르네는 당당하고 활기찬 원래 자신의 모습을 찾는다. 더러는 과하다 싶을 정도로 그녀의 모습이 우습게 비춰지지만 이미 자신감에 차 있는 그녀에게 다른 사람들의 시선 따위는 중요하지 않다.

그리고 그녀는 그녀가 원하던 직장을 얻고 세탁소에서 우연히 만난 남자와 사랑에 빠진다. 모든 것이 그녀가 원하는 대로 승승장구한다.

그리고 그녀의 모습도 이전의 모습과 다르다. 남의 눈치나 보며 주저하고 망설이던 확신감 없는 행동은 사라지고 당당하고 자신만만하다. 자신의 생각을 적절히 표현함으로써 자신의 장점을 확실히 인정받아 직장 상사로부터도 신임을 얻기에 이른다.

패션도 달라졌다. 걸음걸이 또한 달라졌다. 누가 그녀를 이전의 그녀와 같은 사람이라고 할 수 있을지 의문스러울 정도이다. 그리고 사람들은 그녀에게 "어떻게 그럴 수 있냐"며 그녀를 부러워하기까지 한다.

도대체 그녀에게 무슨 일이 생긴걸까?

뇌에 충격을 받아 정신이 이상해진 것일까 아니면 우울에 대한 반작용으로 조증 상태[2]에서 모든 것을 벌인 것일까. 아니면 정말

---

2) 조증은 흔히 알려진 조울증, 공식 진단명으로는 양극성 장애에서 보여지는 증상을 말한다. 양극성 장애는 감정의 극단을 경험하는 장애로 감정의 최고조에서 가장 낮은 수준까지 극단을 왔다갔다하기 때문에 양쪽을 의미하는 bi와 극을 의미하는 pole이 합쳐진 말이다. 조증 상태에서는 비정상적으로 과도한 자신감을 갖게 되고 감정이 고양되고 뭐든 해낼 수 있다는 생각으로 많은 일을 하기도 하는데, 이때 위험한 일을 저지르기도 하기 때문에 정신

그녀에게 설명할 길 없는 신비한 마술적인 일이 생긴 걸까. 영화상의 내용으로는 의학적으로나 심리학적으로나 그 외 다른 어떤 것으로 그 원인을 설명하기는 어렵다. 다만, 중요한 것은 그녀에게 무언가 변화가 생겼고 자기 자신의 이미지가 변화했다는 것이다.

그녀는 영화 <빅>을 보면서 무언가 다짐한다. 그리고 어디론가 가서 외친다. 제발… 그리고 그녀의 소원은 이루어졌다. 현실적으로, 객관적으로 변화한 것은 없는데 그녀의 삶은 변했다. 그 변화의 근원이 무엇일까.

르네가 평소 다니던 헬스클럽의 회원을 우연히 만나게 된 상황에서 힌트를 얻을 수 있다. 르네가 보기에는 너무나도 완벽해 보이는 그녀가 남자 친구에게 차였다는 사실을 르네는 이해하기 어렵다. "어떻게 당신처럼 완벽한 외모의 소유자가 남자에게 차일 수 있냐" 라고 묻지만 그 여자는 자신이 못나서라고 답한다. 그녀는 외모는 완벽할지 모르지만 그녀도 스스로 만족하지 못하고 있었다.

중요한 것은 외적인 것이 아니라 내적인 것에 달려있다는 것을

과에 입원하는 일이 흔하다.

보여 주는 것이라 할 수 있다. 아무리 아름다운 외모를 소유했다고 하더라도 만족하지 않는다면 의미 없는 것이고, 스스로 자신감이 있는 사람은 훌륭한 외모를 소유하지 못했더라고 그 사람만의 매력을 발산하기 마련이다. 따라서 외모에 불필요한 집착을 할 것이 아니라 자신만의 재능과 능력에 집중할 필요가 있다. 시간이 지남에 따라 외모의 중요도는 점점 떨어질 테니까.

르네도 이런 사실을 뒤늦게 알게 된다. 사람들 앞에서 자신의 이야기를 하던 중 이전의 모습과 지금 현재 자신의 모습이 다르지 않다는 것을 깨닫게 된다.

외모는 변하지 않았지만, 그녀는 변화했고 그 변화는 스스로를 어떻게 바라보는가에 달려있다는 것을 말이다. 한 조사에 의하면 많은 여성들이 자신의 외모를 사실보다 뚱뚱하거나 못났다고 지각하는 경향이 있다고 한다. 자신의 외모에 대한 이미지를 신체 이미지라고 하는데, 이런 신체 이미지의 왜곡으로 인해 상당수의 여성들이 무리한 다이어트에 매달리고 성형하기를 주저하지 않는다. 신체 이미지는 결국 자기 이미지와 연결되어 있는데 자기에 대한 확신감이나 존중감이 부족할 경우 이는 더욱 심해질 수밖에 없다.

그러니까 내적인 준거가 없이 다른 사람들 또는 매스 미디어에서 만들어진 이미지, 즉 외재적 준거를 맹목적으로 따른다는데 그 문제가 있다고 볼 수 있고 아직 정체감이나 자기 가치관이 확립되지 않는 청소년기에는 더욱더 이런 영향을 받기 쉽다.

내가 만난 10대 청소년은 섭식 장애[3]로 고생하다가 상담실을 찾아왔는데 약간의 음식물이 들어가기만 하면 구토가 일어나 음식을 거의 먹지 못하는 상태였다. 신경성 식욕 부진증 흔히 '거식증'이라고 말하는 증세가 심각하였다. 부모의 이혼으로 심각한 스트레스를 경험하고 있었고 스트레스가 있을 때마다 폭식을 하고 살이 찔까 두려워 먹은 음식을 토하거나 다이어트 약을 먹거나 하제 등을 사용하여 체중이 늘지 않도록 하였다. 그러다 보니 이제는 음식을 아예 먹을 수 없는 지경에 이른 것이었다. 이 청소년은 자신의 신체 이미지를 상당히 왜곡하여 인지하고 있었고 자신은 너무 뚱뚱해서 살을 빼야한다고 생각하고 있었다. 그리고 '아름답지 않으면 무가치하다'라는 비합리적이고 역기능적인 생각을 가지고 있었다.

"예쁘지 않아도 상관없어. 나는 나 자체로 소중하니까!"

요즘에는 상대방의 외모를 칭찬하는 것조차 조심해야 할 때가 있다. 예쁘다, 잘생겼다 등의 말은 칭찬이지만 한편으로는 상대를 외모로 평가하는 것이기 때문이다.

---

3) 섭식 장애는 음식 섭취를 정상적으로 하지 못하는 장애로 신경성 식욕 부진증과 신경성 폭식증, 폭식 장애 등이 여기에 포함된다. 위의 사례는 신경성 식욕 부진증이 의심되는데 신경성 식욕 부진증의 핵심 증상은 다음과 같다. 3가지 핵심 증상: (1)지속적인 음식물 섭취의 제한, (2)체중의 증가 혹은 비만에 대한 극심한 두려움 혹은 체중 증가를 방해하는 행동의 지속, (3) 체중과 체형에 대한 자기인식의 장애. 이들은 최소한의 정상 수준보다 낮은 체중을 유지(출처: DSM−5).

"예쁘게 생겼다"라는 말을 나이든 어른에게 하는 것은 예의에 어긋날 수도 있고 외모에 대한 평가는 상당히 주관적이기에 조심해야 한다. 그리고 누가 누구를 함부로 평가한다는 말인가. 세상에 수십억의 인구가 살고 있는 만큼 미의 기준도 다양할뿐더러 그 자체만으로도 우리는 소중한 존재임을 잊지 말아야 할 것이다.

영화 <아이 필 프리티> 이런 측면에서 본다면 꽤나 유익하다고 볼 수 있다. 스스로 가치 있는 존재라고 느끼면서부터 그녀의 표정과 말투 패션이 달라졌고 타인을 대하는 태도도 변했다. 당당하게 걷는 그녀의 모습에서 자신감이 묻어난다. 내 스스로 내가 예쁘다고 믿으면 세상이 아름답게 보일 것이다.

영화 <아이 필 프리티>에서 중요한 것은 나의 생각을 어떻게 합리적인 생각으로 변화시키는가에 따라 그 사람의 감정과 행동태도이 달라지며 그것은 결국 그 사람의 인생을 변화시킨다는 것을 보여준다. 이런 생각은 인지행동치료와 맥을 같이 한다.

인지행동치료는 인지치료와 행동치료를 통합하여 그 효과를 극대화한 치료기법을 말한다. 인지행동치료Cognitive－behavioral therapies: 이하 'CBT' 구성개념들은 1960년대 초 Aaron TBeck과 그 외 많은 정신과 의사들과 심리학자들에 의해 발달되었고 기본 이론들과 상담의 효과는 이후 수많은 경험적 연구들을 통해 증명되

었다.[4)]

CBT의 대표학자인 엘리스의 이론만 간략하게 살펴보자. 그는 합리적 정서 행동의 치료Rational Emotive Behavior Therapy: 이하 'REBT'의 창시자로, 인간을 이해하는 데 있어서 핵심을 이루는 세 가지 영역은 인지[5)], 정서, 행동이며 이 세 가지 영역은 서로 상호작용하면서 영향을 미치는데, 그 영역 중에서도 특히 인지부분이 중심이 되어 정서와 행동에 영향을 미친다고 보았다. Ellis는 인간의 신념을 "합리적 신념Rational Beliefs"과 "비합리적 신념Irrational Beliefs"으로 나누었으며, 그중 비합리적 신념예: 나는 모든 사람으로부터 사랑받아야한다. 나는 모든 면에서 유능해야한다은 비난이 주를 이루게 되므로 이러한 비난을

---

4) CBT는 1960년대 초반 Kelly(1961), Ellis(1962), Beck(1963) 등에 의해서 기존의 심리치료 이론과는 구별되는 이론적 입장에 근거하여 시도된 치료적 활동을 지칭하며, Mahoney와 Arnkoff(1978)는 인지행동치료를 크게 세 치료 학파로 나누었는데, 그 첫 번째로 Ellis(1962)의 합리적 정서치료, Beck(1963)의 인지치료, Meichenbaum(1977)의 자기 교시훈련으로 대표되는 인지재구성치료(cognitive restructuring therapies)학파를 들었다.

5) 인지란 개념은 다소 생소하고 추상적인 개념으로 생각되기 쉽다. 인지의 사전적 정의는 한마디로 말하면 "앎", 즉 '어떠한 사실을 분명하게 인식하여 아는 것'이다. 세상을 인식하고 바라보며 해석하는 방식에서의 차이 때문에 같은 사실이라도 어떻게 인식하고, 어떠한 방식으로 받아들이고 소통하는가에 따라 달리 이해될 수 있으며, 이는 각자 다른 인지 수준에 따라 다르게 일어난다. 이러한 이유에서 인지를 세상을 이해하고 세상과 협력하고 교류하며 함께 살아가는 데 필수적인 요소라고 본다. 인지는 사람이 살아가는데 필요한 모든 인식의 총체로 뇌 전체의 활동의 결과로 발생된다. 이런 인지 과정은 감각기관(시각, 청각, 후각, 미각, 촉각 등)으로 부터 받아들이는 여러 가지 정보들을 수합하고, 종합해서 필요한 정보를 부호화시켜서 뇌에 저장하고, 필요할 때 이 기억을 재인출해서 사용하거나 이를 기초로 해 새로운 조합을 만들어 행동을 할 수 있게 하는 과정들을 통틀어 칭하는 과정이다.

그치게 하는 것에 상담의 목적을 두어야 한다고 생각했다.

많은 사람들이 정서가 생각에 영향을 미친다고 생각한다. 예를 들어, 르네는 항상 위축되어 있고 의기소침한데 사실 그녀가 그렇게 느끼게 된 것은 자신이 뚱뚱하고 매력이 없다라고 생각하기 때문이었다. 르네의 생각의 변화는 그녀의 정서와 행동에 영향을 미치게 된다. 왼쪽의 사진에서 르네가 당당한 걸음을 보면 보는 사람의 기분까지도 유쾌해진다.

이를 ABCDE 이론으로 정리하면 다음과 같다.

성격의 ABC 이론은 REBT의 이론과 실제에서 핵심이 되는 내용이다. 선행사건AActivating Event는 사실, 사건을 말한다. 결과CConsequence는 그 사람의 정서적, 행동적 결과 혹은 반응이다. 반응은 적절할 수도 있고 부적절할 수도 있는데, 중요한 것은 A에 대한 그 사람의 신념인 BBelief가 주로 정서 반응인 C의 원인이 된다. 그리고 내담자의 사고를 재교육하는 과정은 ABC 모형에 D, E가 추가된 ABCDE 원리에 따른다.

— ABC 모형

위의 모형처럼 정서적 결과C는 활성화시키는 사건A에 의한 것으로 생각하기 쉽지만 이를 매개하는 생각과 신념B에 달려 있는 경우가 많다.

즉, 활성화시키는 사건헬스클럽에서 운동 중 의자가 부서졌다 → 생각, 신념나는 되는 일이 없다. 나는 뚱뚱하고 바보 같다 → 결과우울과 무기력

A는 선행 사건을, B는 사고 내지 신념을, C는 결과를 의미한다. 상담자는 내담자가 믿고 있는 비합리적인 신념을 논박을 통해 내담자의 생각에 도전하고 비합리적인 생각을 점검하도록 한다. 내담자가 그런 생각을 하게 되는 근거는? 그 생각이 얼마나 도움이 되는지? 등을 따지도록 함으로써 보다 합리적인 생각을 도출하도록 돕는 것이다.

르네의 경우 재능이 있고 사교적이며 매력적인 여성이지만 자신의 장점보다는 자신의 단점에 주목하면서 스스로 비합리적이고 왜곡된 사고에 갇히게 된다. 그럴 때 당신이 매력이 없다고 생각하는 근거는? 남자들에게 인기가 없다고 생각하는 이유가 뭔가? 의자가 부서진 것은 당신 때문이 아니라, 그 의자가 약하거나 문제가 있었기 때문일 수 있다. 남자들은 무조건 마른 여자만 좋아하는 것은 아니다. 등등 보다 구체적이고 합리적이면서도 다양한 생각들을 탐색하도록 돕는 것이 필요하다. 많은 내담자들은 이런 질문만으로도 상당한 변화를 경험한다.

아래의 ABCDE 모형으로 다시 설명하자면, 비합리적인 신념을 논박을 통해 합리적인 신념으로 바꾸는 것이다.

— ABCDE 모형

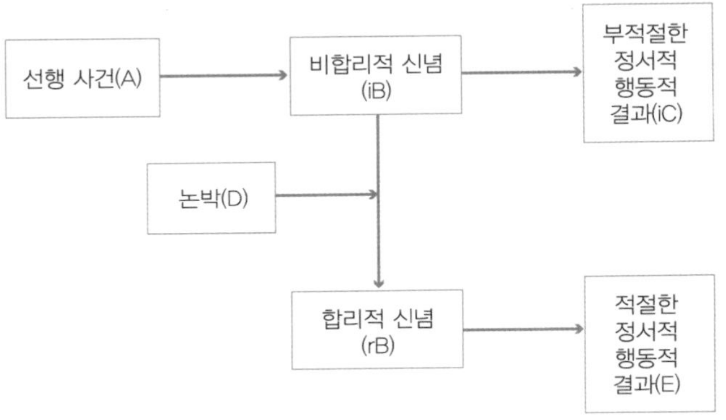

논박을 하다보면 많은 내담자들이 다음과 같이 이야기한다. "선생님 말이 맞아요. 꼭 그렇게만 생각할 이유는 없네요. 다른 이유가 있을 거란 생각을 왜 못했을까요?" 보다 상세하게 인지행동동치료에 대해서 알고 싶다면 당신이 알아야 할 인지행동치료의 모든 것을 참고하기를 바란다.

02

프리 라이터스 다이어리(2007)

Freedom Writers

"모든 사람들은 나보다 행복할까?(글쓰기, 독서 치료)"

프리 라이터스 다이어리(2007) *Freedom Writers*

미개봉
(감독) 리처드 라그라브네스
(주연) 힐러리 스웽크,
패트릭 뎀시

등장인물

힐러리 스웽크
(에린 그루웰 역)

마리오
(안드레
브라이언트 역)

크리스틴 헤레라
(글로리아
뮤네즈 역)

20대 초반의 초보 교사 학교에 가다!

23살의 초임 고교 교사인 에린 그루웰은 캘리포니아 소재 윌슨 고교에서 첫 교사 생활을 시작한다. 남다른 열정으로 그녀는 수업을 준비하고 학생들을 맞이하지만, 그녀가 부임한 학교는 어려운 생활 환경에서 자란 흑인, 동양계, 라틴계 등 다양한 인종의 학생들로 그들은 대부분 하루하루를 절망 속에서 힘들게 살아가고 있는 아이들이다.

20대 초반의 초보 교사가 열정만으로 그들을 변화시킬 수 있을지 영화를 보면서 솔직히 회의적인 생각이 들었다. 그냥 정서적으로 눈물샘만 자극하는 것이 아닌가하는 생각도 들었지만, 에린은 달랐다. 젊은 나이에도 불구하고 당차고 능력 있는 교사였다.

그녀는 아이들과 말싸움하는 것도 주저하지 않고 자신의 목표를 위해서는 무엇이든 할 준비가 되어 있었다.

각종 폭력과 거짓이 난무하는 환경에서 자란 아이들이 학교생활을 열심히 할리도 없고 에린의 수업을 경청할리도 없다. 수업 중에도 폭력이 오가고 수시로 이들을 통제하기 위한 청원 경찰들이 상주하고 있는 위태로운 학교생활. 에린은 이 학교에 교사로서 능력을 인정받고 아이들을 잘 이끌어 나갈 수 있을까. 이들에게는 어떤 것이 필요할까. 이들에게는 어떤 것이 필요한지, 무엇을 어떻게 해야 할지 난감한 상황이다.

에린이 아이들에게 다가가기 위해 노력하면 할수록 그만큼 멀어지는 아이들. 그들에겐 사람과 세상에 대한 신뢰가 없다. 그 생각을 바꿔줄 필요가 있었다.

그녀는 먼저 선을 긋고 반으로 나누어 서게 한 다음, 해당 질문에

맞으면 앞으로 나오도록 함으로써 아이들이 자신의 문제를 말할 수 있도록 유도하면서 아이들의 마음의 문을 연다. 그 다음 그녀가 준비한 것은 다름 아닌 일기장이다. 원치 않는다면 쓰지 않아도 되고 쓰여진 글은 자신만 보게 됨으로 비밀 보장을 해준다는 얘기도 빼놓지 않는다. 과연 그녀의 생각대로 아이들이 따라올까 의문스러웠지만 생각보다 많은 아이들이 그녀의 의도대로 일기를 쓰기 시작하고 글쓰기를 통해 아이들은 서서히 변해간다. 아이들도 자신을 표현할 통로가 필요했던 것이다. 그리고 나서 그녀는 그 다음 단계로 독서를 통해 아이들을 변화시킨다. 자신과 비슷한 상황의 이야기를 통해 아이들의 생각을 변화시키고 수업의 참여도를 높이는 것이다.

그녀의 생각은 적중했다. 글쓰기와 독서를 통해 아이들은 몰라볼 정도로 변화하고 성장한 것이다. 그러나 이런 변화는 물론 주변의 질시로 이어지고 매번 난관에 부딪치게 하는 걸림돌이 된다. 동료 교사들은 노골적으로 그녀를 비난하고 심지어 그녀의 남편조차도 그녀를 이해하지 못한다. 아이들에게 책을 사주기 위해 저녁이면 레스토랑이나 호텔에서 알바를 하며 비용을 충당하며 집안 일을 등한시하는 그녀가 못마땅할 뿐이다. 결국 그는 "나는 당신의 와이프가 될 수 없다"며 이혼을 요구한다.

몸과 마음이 지쳐가도, 아이들의 변화에 하루하루 성취감을 느끼면서도, 자신을 질시하는 동료 교사와 자신을 떠나간 남편으로 에린도 마음이 힘들다. 그리고 아이들의 담임을 계속 맡을 수 없게 된다. 에린은 이런 사실을 담담하게 받아들이며 아이들이 스스로 자신의 미래를 개척할 것을 요구한다. 그리고 아이들은 에린을 응원하며 든든한 지원자가 되고 자신들의 목표를 관철시켜 나간다. 이 이야기가 감동적이지만 현실에서는 일어날 수 없는 영화 속 이야기일 뿐이라고 치부할 수 없는 것은 이 영화는 실제 사례를 바탕으로 하고 있다는 사실이다.

이 영화는 실제 사례를 영화화 한 것으로 어설픈 감동이 아닌 현실적으로 교육 현장에서 부딪칠 수 있는 면면들을 사실감 있게 그려내 공감을 이끌어 낸다. 내가 이 영화를 좀 더 빨리 보았더라면 좋았을 것을 하는 생각이 들게끔 하는 영화이기도 했다. 실제 이 영화 속 주인공들은 모두 대학을 진학했고 그녀 또한 대학의 교수로 재직 중인 것으로 이 영화 말미에 소개된다.

왜 에린은 아이들에게 일기를 쓰도록 하였을까?

글을 쓴다는 것은 일종의 자기 고백이라고 할 수 있다. 마치 고해성사를 하듯 자신이 겪었던 이야기를 말이든 글이든 표현하고 나면

속이 후련해지는 느낌을 받을 수 있다. 일종의 해소를 할 수 있고 글은 기록으로 남기 때문에 쓰면서 자기 생각을 정리하고 보다 객관화시킬 수 있다는 장점이 있다. 아이들은 자신의 이야기를 쓰기 시작하면서 자신이 왜 이렇게 고통스럽게 살고 있는지 자신의 미래를 위해 무엇을 해야 하는지 구체적으로 고민하게 된다.

글쓰기를 통한 효과를 정리하면 다음과 같이 정리할 수 있다.

첫째, 글쓰기를 통한 자기 고백은 과거에 겪은 심리적인 외상을 직면하게 함으로서 그 외상을 치료해 준다.

둘째, 글쓰기 고백은 자신의 현재 상태와 위치를 살펴보도록 하면서 참여자들의 삶을 통합하고 조직화하는데 도움을 준다.

셋째, 글쓰기 고백은 자기의 이해와 수용을 얻은 통찰력을 통해서 타인을 이해하고 수용하도록 도와서 대인관계의 성숙을 가져온다.

넷째, 글쓰기 고백은 참여자들이 과거를 정리하고 현재를 객관화시키면서 동시에 미래적인 통찰력을 줌으로서 미래 지향적인 삶을 살 수 있도록 해준다.6) 영화 속에서 에린은 글쓰기와 독서를 병행하는데, 글쓰기를 통한 치유와 독서를 통한 치유가 시너지를 발휘하면서 변화의 속도는 배가 된다.

아이들은 독서를 통해 주인공과 자신을 동일시하게 되고 주인공이 난관을 헤쳐 나가는 것을 읽음으로써 용기와 위로를 받게 된다. 그리고 학령기 아이들에게 글쓰기와 독서는 지적 능력과 자존감 등

---

6) 김영신(2006), 글쓰기 고백을 활용한 내적치유상담 프로그램 개발 및 효과검증, 한남대학교 석사논문.

이 함께 향상되는 효과를 낳게 된다.

독서 치료는 그리스어인 'biblion책, 문학'과 'therapeia도움되다, 의학적으로 돕다, 병을 고쳐 주다'라는 두 단어의 합성어로서 문학을 사용하여 혹은 책과의 상호작용을 통하여 정신 건강을 증진시키는 치료 기법이다.

이런 독서 치료의 목표를 하이즈－베리1994는 다음과 같이 정리하였다.

1) 반응하는 능력 향상

2) 자신에 대한 이해 증가

3) 밀접하고 개인적인 대인관계 명료화

4) 현실을 보는 견해 넓히기[7]

글쓰기와 독서는 학령기에 접어든 학생에게는 필수적인 학습활동이다. 대부분의 아이들은 학교에 들어가기 전부터 글을 읽기 시작하고 읽기가 어느 정도 되면서부터 글을 쓰기 시작한다. 따라서 읽기와 쓰기는 서로 연동되어 있고 우리가 학습을 하는데 있어서 진입을 하기 위한 기초 단계라고 할 수 있다. 학교 학습의 대부분이 읽고 쓰는 것으로 구성되어 있기 때문에 이런 학습이 충분히 되어 있지 않는다면 학년이 올라갈수록 자신의 연령에 맞는 학습을 따라가지 못하고 학교생활에도 부적응할 수밖에 없다. 다른 아이들은 알아 듣는데 나만 못 알아 듣는다면 거기서 오는 소외감이나 고립감은 생각보다 크다고 할 수 있다. 지능상에 문제가 없음에도 학업적 수

7) 이찬숙 외 공저(2012), 긍정적 행동지원을 활용한 독서 치료, 양서원.

행이 어려운 학습장애나 학습부진을 가지고 있는 아이들의 경우 상당수 정서적으로 우울을 느낄 수 있고 낮은 자존감을 형성하고 있는 경우가 많은데 이런 경우 부적응적인 행동이나 탈선으로 이어질 가능성이 높다.

영화 <프리 라이터스 다이어리>에 등장하는 아이들은 학습장애는 아니지만 환경적인 문제로 인해 학습부진을 경험하고 있을 것으로 예상된다. 충분한 문화적 교육적 혜택을 받지 못한 아이들은 그만큼 축적된 지식이나 경험이 없기 때문에 문제 상황이 발생했을 경우 적절한 대처 방안을 강구하지 못하고 충동적으로 반응하는 경향이 있고 상당히 공격적인 행동으로 표출한다. 다른 대안이 있을 거라는 생각조차 하지 못하는 경우가 대부분이었다. 그러나 수업과제로 선생님이 글쓰기 과제를 주자 아이들은 처음으로 자신의 문제를 글로 적으면서 객관적으로 자신을 바라보게 된다. 처음에는 불행한 환경에 대한 분노가 많았지만 시간이 흐르면서 차분하게 자신을 돌아보고 앞으로 어떻게 살 것인지에 대해 생각하는 시간을 갖게 되었을 것이다. 그러나 이것만으로는 부족하다. 그들에게는 적절한 대안이라는 것이 제시될 필요가 있었다. 그때 자신들과 비슷한 내용을 다룬 책을 읽으면서 한편으로 공감하고 한편으로는 책 속의 주인공이 어떻게 문제를 해결해 가는지를 책을 통해 배우게 된다. 물론 영화라는 매체를 통해서도 이런 효과를 배울 수 있지만 학령기 아동이나 청소년들에게는 독서가 매우 중요하다. 글을 읽고 해독하고 해석하는 과정에서 어휘력, 집중력, 이해력, 사고력 등이 향상되기 때문에 다소 시간이 걸리지만 이 시기에는 다양한 독서를 통한 지적 능력의 개발이 매우 중요함으로 독서의 중요성은 간과할 수 없다. 영화 속 아이들은 이렇게 자신도 모르게 단련되어가고 성숙해 간다. 그리고 자신들의 문제를 스스로 해결할 방법을 찾기에 이른다. 글쓰기와 독서라는 어쩌면 평범한 활동을 통해 아이들은 자신의 상처를 들여다보고 직면하고 이를 극복했으며 보다 나은 미래를 꿈꿀 수 있게 되었다. 어차피 노력해 봤자 달라질 것은 없다는 비관적인 생각은 노력하면 바뀔 수 있다는 생각으로 바뀌었고 실제로 아이들의 인생은 180도 달라졌다. 문제아 또는 비행 청소년에서 대학을 졸업하고 사회의 당당한 일원이 될 수 있었던 것이다.

누군가는 꿈같은 일이거나 기적이라고 말할지도 모르는 일이지만, 조금만 관심을 갖고 이들을 보다 좋은 길로 인도하기 위한 열정으로 효과적인 방법을 알려준다면 보다 많은 아이들이 어둠에서 벗어나 밝은 세상으로 나올 수 있게 될 것이라는 것을 영화는 보여 준다. 교육 현장에서 아이들을 가르치는 모든 교사와 치료사들에게 아낌없는 격려와 함께 이 영화를 추천한다.

마치는 글

영화는 재미와 감동을 줄 뿐만 아니라 잘 만들어진 영화는 '통찰'과 '치유'의 경험도 준다. 겨우 두 시간 남짓한 영상 하나를 보고 인생이 바뀌었다고 하는 사람도 있고 새로운 삶을 꿈꾸며 새로운 계획을 세우기도 하고 자신의 문제를 되돌아보고 상담을 오는 사람들도 있다. 영화는 그런 면에서 너무나도 흥미롭고 매력적인 강력한 매체이다.

≪영화로 이해하는 아동·청소년 심리상담≫이라는 주제로 글을 쓰면서 많은 영화들을 접하게 된다는 것은 나에게는 부수적인 행운이다. 한때 영화에 빠져 살았던 적도 있었지만 현실적인 문제로 마음 편하게 영화를 볼 여유가 없이 달려온 세월이었다. 그런데 글을 쓰기 위해서 영화를 보게 되고 관련 영화를 찾아보다 보니 생각지도 못한 좋은 영화들을 발견하고 영화에 푹 빠져서 눈물을 훔치기도 하고 자신을 돌아볼 기회를 갖게 되었다. 책에 소개된 영화 이외에 소개하고 싶은 영화들이 많이 있지만 다음 기회를 기약하며 글을

마친다.

이 책이 세상으로 나올 수 있도록 도와주신 많은 분들께 감사드리며 박영스토리 대표님과 노현 이사님, 김명희 차장님께도 감사의 말씀을 전한다.

겨울이 저물어가는 어느 하루 중에…

참고문헌

권준수외 공역(2014), 정신장애의 진단 및 통계편람－5, 학지사

김애순(2009), 청년기 갈등과 자기 이해, 시그마프레스

김영신(2008), 글쓰기 고백을 활용한 내적치유상담 프로그램 개발 및 효과 검증, 한남대 석사논문

김중술(2009), 사랑의 의미, 서울대학교 출판부

김희대(2016), 학교 폭력 예방의 이론과 실제, 박영스토리

도순원(2012), 심리부검의 의의와 사례에 관한 연구, 경북대 수사과학 대학원 석사 논문

박소진(2015), 영화 속 심리학, 소울메이트

박제일(2018), 자살에 대한 청소년과 학부모의 인식과 자살 예방 교육, 자살예방학회 학술대회 발표자료

손숙자(2002), 일반 중학생과 왕따들의 특성 비교 연구－자아개념 및 교우관계를 중심으로－연세대학교 교육대학원 상담심리 전공석사논문

안영철(2006), 청소년 약물 남용 실태 및 예방 대책에 관한 연구, 호서대학교 석사학위 논문

여성가족부 청소년성문화센터 www.wesay.or.kr

오자연(2009), 죄책감에 대한 목회상담학적 연구 – 멜라니 클라인 이론을 중심으로, 한신대학교 신학전문대학원 석사학위 논문

유진이(2017), 청소년 심리 및 상담, 양서원

이동진(2010), 청소년 성교육 제도 개선방안에 관한 연구, 경남대학교 석사 논문

이종숙 외 공역(2009), 아동발달, 시그마프래스

이찬숙 외 공저(2012), 긍정적 행동지원을 활용한 독서 치료, 양서원

이효진(2018), 특수직군 자살 사망자 심리부검 고도화 방안, 보건복지부 · 중앙심리부검센터

장휘숙(2016), 전생애 발달심리학, 박영사

정여주(2015), 청소년의 모바일 눈 사이버 언어 폭력 경험에 관한 연구, 숙명여자대학교 석사 논문

정옥분(2008) 전생애 인간발달의 이론, 학지사

정옥분(2015), 청년 심리학, 학지사

한국자살예방 협회 www.suicideprevention.or.kr

저자 약력

박소진

심리학 박사(수료), 현재 한국인지행동심리학회(협) 대표이다.

지은 책으로 ≪비극은 그의 혀끝에서 시작됐다≫(공저), ≪영화 속 심리학 1, 2≫, ≪처음 시작하는 심리검사와 심리평가≫, ≪당신이 알아야 할 인지행동치료의 모든 것－행복해지기 위한 기술≫, ≪영화로 이해하는 심리상담≫, ≪영화로 이해하는 아동·청소년 심리상담≫ 등이 있다.

www.kicb.kr/ kicbt@naver.com

영화로 이해하는 아동 · 청소년 심리상담

초판발행 2019년 2월 20일
중판발행 2021년 1월 17일

지은이 박소진
펴낸이 노 현

편 집 김명희
기획/마케팅 노 현
표지디자인 권효진
제 작 고철민 · 조영환

펴낸곳 ㈜ 피와이메이트
서울특별시 금천구 가산디지털2로 53, 한라시그마밸리 210호(가산동)
등록 2014. 2. 12. 제2018-000080호
전 화 02)733-6771
f a x 02)736-4818
e-mail pys@pybook.co.kr
homepage www.pybook.co.kr
ISBN 979-11-89643-07-2 94180
979-11-89643-06-5(세트)

정 가 18,000원